U0122082

Why Is the Dollar Shrinking?

A Study in the High Cost of Living

货币缩水

〔美〕欧文·费雪（Irving Fisher） 著

李佳楠 译

GUANGXI NORMAL UNIVERSITY PRESS

广西师范大学出版社

·桂林·

HUOBI SUOSHUI

本书译自 Irving Fisher, Why Is the Dollaring Shrinking? A Study in the High Cost of Living, New York: Macmillan Company, 1914。

出 品 人：刘春荣　　装帧设计：林　林
策划编辑：李佳楠　　责任技编：郭　鹏
责任编辑：郭展炜

图书在版编目（CIP）数据

货币缩水 /（美）欧文·费雪（Irving Fisher）著；李佳楠译. —桂林：广西师范大学出版社，2022.6
　　ISBN 978-7-5598-4866-6

　　Ⅰ. ①货… Ⅱ. ①欧… ②李… Ⅲ. ①货币理论－研究 Ⅳ. ①F820

　　中国版本图书馆 CIP 数据核字（2022）第 061584 号

广西师范大学出版社出版发行

（ 广西桂林市五里店路 9 号　邮政编码：541004 ）
　　网址：http://www.bbtpress.com
出版人：黄轩庄
全国新华书店经销
湛江南华印务有限公司印刷
（ 广东省湛江市霞山区绿塘路 61 号　邮政编码：524002 ）
开本：889 mm × 1 194 mm　1/32
印张：6.25　　字数：120 千字
2022 年 6 月第 1 版　　2022 年 6 月第 1 次印刷
印数：0 001～5 000 册　　定价：59.00 元

如发现印装质量问题，影响阅读，请与出版社发行部门联系调换。

目　录

前　言

从当前人们对高生活成本的不同观点可以看出，公众还是没搞清楚货币价格水平的决定机制。很少人意识到，价格总水平（一般价格水平）的决定原理跟个别价格[1]的有很大区别。比如，几乎没人意识到，任何商品的货币价格不仅跟商品有关，还跟货币有关，货币因素已经进入每一种商品的价格中。

写作本书，是为了尽可能简单地阐明决定价格水平的一般原理，以及如何用这些原理解释当下的"高生活成本"。

这些原理并不新鲜，其实就是李嘉图及后来大多数经济学家的那些著名原理。更详尽的探讨，请见拙著《货币的购买力》。

如果这些原理是正确的，那么1美元[2]的购买力，或者它的倒数——价格水平，就完全取决于5个因素：1.流通中的货币量；

1　全书的"个别"（individual），指的都是"单个""个体""单项"，而非"极少数""极个别"。（本书注释如无特别说明，皆为译者注。）
2　在本书中，或简称为"元"。

2. 货币的流通速度；3. 支票存款[1]数量；4. 支票存款的流通速度；5. 交易量。当然，这五个因素本身受更远的因素影响，而更远的又受进一步更远的影响，一直到无限远。然而，不管什么因素，只有直接或间接影响以上5个因素，才能影响价格水平。在我看来，倘若某个经济学分支探究的是这5个购买力调节器，这个分支就值得被看作一门精密科学——能够精确阐述、证明并进行统计检验。

这一百年来，世界一直饱受价格水平周期变动之苦，十几亿人的利益受影响，贸易扩张与贸易萧条交替发生。可以说，在所有文明必须面对的经济祸害中，一个多变的货币本位[2]的祸害是最严重的。

我们将见证上述原理在美国的一些极其有趣的应用。这多亏了美国国会在1913年底通过的两个伟大法令——关税法和通货法[3]。比如，关税降低，外国商品流入，从而促使黄金[4]流出，这种流出会因国内价格下降或国外价格上涨而逐渐减少。通货法则可能倾向于增加银行存款，从而抑制美国价格水平的下降，延长黄

1　支票存款，大致相当于我们日常说的活期存款。易纲《货币银行学》说道："支票对中国消费者来说是比较陌生的，而在发达国家，大多数消费者的口袋里有钱包和支票本，买样小东西，吃一餐饭便用现金，购买比较贵重的额物品就用支票或信用卡……走出个人消费领域，可以看到企业、单位之间的商品交换、买进卖出所使用的主要媒介是支票……一张空头支票是不具有交易媒介功能的，所以真正包括在货币定义中的，应该是个人或单位在其支票账户上的存款余额，即支票存款，而不是支票本身。"

2　指货币本位（比如黄金）的购买力多变。

3　即《安德伍德关税法》和《联邦储备法》。

4　当时全球实行国际金本位制，第一次世界大战爆发后瓦解。

金外流（时间）。如果这些结果接连发生，许多人可能会很吃惊，并对此发表一些评论。因此，让公众准确明白当下发生了什么，就变得尤为重要。不然，人们可能会提出许多愚蠢的建议。更糟糕的是，这些建议还可能被采纳。

针对价格水平波动问题，我还在写另外一本书，在书里我提出了一套补救方案——"美元标准化"[1]。希望这本书可以尽快出版。

感谢《北美评论》俯允我原封不动地使用我的文章《生活成本还会再涨吗？》（"Is the High Cost of Living Going Higher?"，1912年12月）中的一些段落。

此外，我还欠几个学生许多人情，尤其是保罗·阿特金斯。多亏他们帮忙收集数据，我才能建图分析。

欧文·费雪

耶鲁大学

1914年4月

---

1 Standardizing the dollar，指的是美元作为购买力单位，要标准化，就像其他单位的标准化一样。费雪《货币的购买力》附录："人们按码成交布匹，按吨成交煤炭，并以此订立合约，之后人们肯定不会同意码的尺寸或吨的轻重改变。码一度是以人的腰围衡量，为使它的长度不变，人们将其标准化……但美金仍然由金矿开采量决定其价值。起初我们不能将电力单位标准化，是因为我们没有适当的工具来衡量这种难以捉摸的量。但只要衡量工具发明出来，单位就可以标准化。我们至今没有将美元作为购买力单位及延期支付标准予以标准化，也是用了类似的借口，即至今都没有衡量购买力或将结果付诸实践的工具。但随着物价指数的发展，以及根据物价指数调整'铸币税'的方法，我们已掌握各种科学标准化美元（即固定其购买力）的材料，可以实现梦寐以求的价值'多元本位'理想了。"

补充说明

这本书已经印出，但由于欧洲大战[1]爆发，故没有发行。这是个特大事件，自然对价格有重大影响。写到这里，战争才刚开始不久，因此我们几乎不可能准确预测其后果。然而，可以肯定的是，总体上，战争导致的净效应和最终影响是，加剧战前就已有苗头的物价上涨趋势。生活成本的涨幅可能超过历史上已知的任何东西的涨幅，尤其是在欧洲。战后涨幅可能超过战时涨幅。战争期间英国的生活成本增速很可能慢于其他国家，但战后则要快于其他国家。战争期间，英国的一般价格水平甚至还可能出现反常下降。欧洲小国（如比利时）的生活成本涨幅很可能大于欧洲大国（如法国），因为后者相对自给自足。如果一国采用的是不可兑换纸币，那么该国的一般价格水平涨幅还会进一步加剧，加剧程度跟通货膨胀程度一致。

以上就是战争可能对物价水平的主要影响。

1　指第一次世界大战。

然而，更重要的是，物价上涨对交战各国人民来说是更大的灾难，因为战争让他们陷入极度贫困之中，也就是说，高货币价格将伴随着低货币收入。按最好的情况估计，战争的成本将等于甚至超过参战各国居民收入的一半。没错，这些负担大多可以转移到未来几年，但即便那时，受先前资本破坏和错配严重削弱的资源，还要承受巨大的税收负担。

幸运的是，美国物价涨幅将低于欧洲。除非美国也卷入战争，而且美国人的赚钱能力基本没受影响。

当然，这里讲的只是一般价格的波动，而不是个别价格的波动。可以肯定，虽然许多物品价格会上涨，但有些也会下跌，有些会上下波动。实际上，分散物价是战争对物价的第一个也是最大的一个影响。食物价格飙升，债券价格暴跌。

为什么会得出这些结论？在这简短的补充说明里，我们只能提几个主要理由。

写这本书主要是为了证明：价格水平总体上是货币和信用流通与交易量赛跑的结果，看谁增长更快。

战争期间，这两名参赛选手都将稍作休息。可能两者实际上都倒退了，但交易比流通退得更快。这将导致物价上涨。战后两者都将再次膨胀（扩张），但信用将比交易反弹得更快。这将导致物价进一步上涨。

如果仔细考察本书中近现代大战的战时和战后相关图表，你就会发现，价格水平往往在战争初期上涨，并在战争结束后再一次上涨。这些大战包括克里米亚战争（1864—1856）、美国内战（1861—1865）、普法战争（1870—1871）、美西战争（1898）、第二次布尔战争（1899—1902）、日俄战争（1904—1905）。美国内战期间，绿背纸币[1]的存在掩盖了这些事实。但以黄金表示的价格水平，在内战后确实比内战时期上升得更快。

爱德华·格伦德做了关于战争与物价关系的细致研究，并于1901年11月在英国银行家公会出版。他的研究表明，战后贸易繁荣，价格上涨，直到危机出现（比如克里米亚战争后的1857年、美国内战后的1866年、普法战争后的1873年都出现类似现象）。

之前我们大胆提出，相对于欧洲大陆，英国价格水平在战时上升得较慢，在战后上升得较快。因为一般认为，不管是战时还是战后，交易量的变化对价格的影响，在英国要小于在欧洲大陆；但货币和信用流通变化对价格的影响，在英国要大于在欧洲大陆。与其他国家相比，战争期间英国从工业界抽走的预备役人员更少，因物理破坏而中断国内贸易的可能性也较低。甚至英国对对外贸易的保护也比其他参战国全面得多，受到的干扰少很多。而且不管怎样，这种规模庞大的对外贸易可能就占国内贸易的十分之一而已。另一方面，由于英国信用基础比欧洲大陆充分得多（要知

1　Greenback，又称"林肯绿币"，是林肯在美国南北战争前为筹集战争资金，并避免向其他银行贷款而产生巨额债务所发行的没有黄金储备的纸币，由13个殖民地的联合政权"大陆会议"批准发行。由于背面以绿色墨水印制，故称为"绿背纸币"。

道，支票在欧洲大陆至今都没普及），因此，相比欧洲大陆，英国现金和信用流通的减少，对价格水平的降低有较大影响。同样，相比欧洲大陆，战后信贷反弹在英国起到的作用更大。

1914年8月25日

第一章
背后的思想

一、财富

　　这本小书的目的是尽可能简明扼要地解释为什么如今1美元没有10年前或15年前那么值钱，以及为什么一般来说美元的购买力会时不时波动。这个问题只是生活成本高昂这个大问题的一部分。生活成本问题就是收入的购买力问题，收入的购买力取决于两个因素，一是美元的购买力，二是你有多少美元收入。本书不考虑后一种因素（除非是顺带提到），只把主题限定在第一个因素——美元的购买力上。

　　尽管开头的问题范围比较窄，只是生活成本高昂问题的一部分，但它是当前真正重要的，因为今日我们并没有因生活成本高昂而受苦（至少一般人是不会）——这里的生活成本高昂，指的是当下的总收入能买的没有15年前能买的多。虽然同一数额的美元在今天确实买不到15年前那么多的东西，但今天一般人的货币收入比15年前的一般人高多了。因此，若比较两个时期的货币总收入所能购买的东西，今日的要比15年前的多。

要理解生活成本高昂问题，我们必须一开始就意识到，生活成本的"高"是货币意义上的。这个问题不仅与生活（衣、食、住等）有关，还与我们为此支付的钱有关。简言之，美元的购买力问题跟美元以及美元所要买的东西有关。它其实就是货币与物品的关系问题。

生活中很少有东西比钱（货币）更为人所熟知，却很少有比钱更不被理解的。想要从一开始就避免误解，我们应该了解背后的一些思想。

一个普遍的误解是将货币和财富混为一谈。财富[1]指人类所拥有的所有实物。因此，土地、房子、原材料和制成品都是财富。黄金也是一种财富，尽管数量很少，但非常重要，因为世界主要的货币就是由黄金打造，并且所有其他财物都可以用黄金来表示。[2]

因为我们通常以美元和美分表示财富，因此容易忘记，衡量每种财富的主要不是货币，而是它自身的物理单位。用物理单位衡量财富的方法有几种。大多数商品用重量来衡量，比如煤炭以美吨计，棉花以磅计，黄金则以盎司计。即使黄金是以"美元"为单位，我们也不要忘记金元[3]也只是一种重量单位——重约1/19盎司[4]（即重约25.8格令、成色为90%或纯金的标金）。

1　更全面的讨论，请见拙著《资本和收入的性质》。——作者

2　在费雪写作本书的年代，世界大部分国家都采用金本位制。

3　面值为1美元的金币。

4　1盎司约合28.350克，等于437.5格令。

有些商品是用空间单位如长度、面积或体积（容量）单位来衡量。毛线以码计，地毯用平方码计，土地用英亩计，天然气用立方英尺计，小麦用蒲式耳计，牛奶用夸脱计，木柴用考得计。

有些物品本身就构成明确的单位。比如鸡蛋可以以磅计，但通常只是以个数来算，鸡蛋本身就是单位。椅子、书、桌子、自行车、火车头以及其他上千种物品也是如此。

我们可以从一个单位换成另一个单位。西红柿可以用蒲式耳（容量单位）计量和买卖，也可以用磅（重量单位），还可以用打（一打12个）。

我们不能把财富和财富的特性混淆，比如土壤的肥沃并不是财富，但肥沃的土壤是。财富也不能跟财富的使用和收益、享有这些收益的权利（产权）、享有这些权利的证据或书面证明混为一谈。

各种财富在不断交换。两人互相交换各自的物品（财富），其实是这两个物品所有权的相互自愿转让，一方的转让是以另一方的转让为对价[1]。

虽然任意两种财富都可以交换，但有些财富更容易为大众所接受（更受欢迎）。本质上，货币指在交易中被广泛接受的财富。这个定义基于货币的最重要特征：可交换性或作为交换媒介的能力。当交易的两个物品中有一个是货币时，这种交易称为购买（对付钱方来说）或出售（对收钱方来说）。倘若交易的两个物品

1　当事人一方在获得某种利益时，必须付给对方相应的金钱或付出其他形式的代价。

中没有货币，那这种交易就叫作易货交易。

任何一种财富的价格，是为换取一单位该财富所要拿出来的其他任意一种财富的数量；交换比率，等于用于交易的两种财富的数量相除，即其中一种财富的数量除以另一种的数量。该比率的分母，就是那个我们想要求出价格的物品的数量，分子则是另一种物品的数量。[1]

理论上讲，对于任意两种物品，我们总能用其中一种来表示另一种的价格。但通常，货币是交易的两种物品之一，是交换比率中的分子。

定义价格后，我们接下来定义价值。任何给定数量财富的价值，就是其价格乘以数量而已。因此，如果钢轨的价格为28美元每吨，则1 000吨钢轨的价值为28（美元/吨）乘以1 000（吨），即28 000美元。一旦我们给各种财富设定了价格，并知道他们的数量，就可以算出他们的价值。

用价值计算各种财富，相比按数量计算有一个很大的优点。它能将种类不同的财富转变成一种，然后将它们加总。鞋子的双、牛肉的磅、房子的套、小麦的蒲式耳是不同的数量单位，没法加总。但各类物品的价值可以加总，因为价值用的是同一个单位（如美元）。

由于价格和价值往往用货币（最容易交换的财富）表示，因

1　例如，2斤小麦换取了3斤玉米，则小麦的价格＝3斤玉米/2斤小麦，即，1斤小麦的价格为1.5斤玉米。

此，我们可以说，货币可以让测量的多样走向统一。换句话说，货币不仅是一种交换媒介，还是一种价值尺度。

货币是比较不同物品价值的一种手段，它能以公分母表达不同物品的价值。如果是每种物品直接跟其他物品一一比较，就会非常麻烦，因为这样的话，要做的比较就非常多。

虽然减少到一种共同的货币计量单位带来了极大的便利，但我们不要误以为这种共同货币计量单位就是衡量财富的唯一真正标准。实际上，以货币价值衡量财富数量常常会误导人。

某个月从美国出口的车轮的货币价值是12 000美元，而下个月则是15 000美元。据此我们可能推断出车轮出口数量增加了。但现实可能是头一个月出口了2 200个车轮，后一个月只出口2 100个，是减少而不是增加了。价格上涨速度快于数量减少速度。同样，如果看美国在这段时间进口咖啡的数据，就会发现以美元计算的价值降低了，但是以磅数算却增长了。价格下降速度快于磅数增长速度。可以想见，每种商品的数量可能会减少，而价格却同时上涨得如此之多，以致财富看起来似乎出现了明显增长，而实际上没那回事。这种情况往往发生在通货膨胀和货币贬值时期，就像现在一样。因此，美国最近所谓的财富和贸易增长，很大一部分是假象。即使我们坦白承认我们所要衡量的是财富的价值而不是它的数量，想要找到一种"正确"的方法也很难，甚至不可能。有一年，从墨西哥进口到美国的黄金价值2 800万美元，10年后价值变成4 000万美元——增长了42%。但就是这一批进口黄金，如果用墨西哥银元[1]算，一开始价值就是4 100万银元，10年后是9 000万银元——增长近120%。虽然42%和120%的增长率表示的都是同样的事实，但数据却不一致。美国商人用一种方式计算价值，而墨西哥商人用的是另一种。在某种意义上这两种方式都是对的，都是进口货物的相对价值的正确表述，一种用金一种用银。如果价值是以铜、铁、煤炭、棉花或其他任何物品计算，我们就有很多不同的价值；但任意两种方式，都不能保证一致。

因此，"财富价值"这个短语是不完整的。为了更精确，我们应该说"按黄金计算的财富价值"，或者按其他特定种类的财富计算的财富价值。因此我们不能用这些价值来比较不同种类的财富，除非是在特定条件下和有限的程度内。比较相距甚远的时空的财富价值，比如美国和中国、古代罗马和现代意大利，结果肯定相互矛盾，无法令人满意。

1　Mexican silver dollar，又叫"墨银"或"鹰洋"，是指1821年墨西哥独立后使用的新铸币，从1823年开始铸造。

二、产权

拥有财富就是有享受其收益（好处）的权利[1]。因此，拥有一条面包无非意味着有从中受益的权利，即吃掉、卖掉，或用它来满足某个人的欲望。拥有一套衣服就是有穿上它的权利。拥有一驾马车就是有驾驶马车的权利，或者有权将它用于其他方面，直到它不能用为止。拥有一块土地意味着有永远使用这块土地的权利。财富存在的最终目的是它所赋予的利益。要是有人送你一套房子，但条件是你永远不能使用、出售、出租或送人，你完全可以以这样的房子毫无用处为由拒绝他。

许多物品通过赚钱给所有者带来收益。出租土地或建筑物给房东带来的收益是他的租金收入。铁路所有者从铁路那里获得的收益是分红。当然，并不是所有的收益都只是货币收入，甚至货币收入也不是最终的收益，只是享受的一种手段。

收益也可能由人提供。这种收益通常称为提供的服务或完成的工作。而那些由物提供的收益，通常叫作用途（用处）。

收益有时候是指正面的好处，有时候是指避免坏处出现。更准确地说，收益指的是两种事件，一种是通过财富和人类手段获得的合意事件[2]，一种是通过这两种手段避免的不合意事件[3]。比如，

1　费雪在《资本和收入的性质》中说的是，拥有财富就是有使用这项财富的权利（即有其使用权）。

2　Desirable event，即自己内心想要得到的、自己所欲求的事件。

3　Undesirable event，即自己内心不想得到的、想极力避免的事件。

织布机将纱线变成布料，就是一种由织布机带来的合意变化。这就是织布机提供和实现的收益。犁的收益就是翻整土地。砖匠的服务或收益就在于砌砖。农场四周篱笆的收益或用途是防止牛群走丢。荷兰堤坝的收益是抵挡海水入侵内陆。钻石项链的收益在于它那令人愉悦的光辉。

我们可以像衡量财富一样衡量收益，虽然计量单位肯定不同。服务或收益的衡量通常比财富要粗略，因为要建立其计量单位更困难。一套房子的庇护和一套衣服的穿着或使用都很难准确衡量。为减少麻烦，收益往往是以时间衡量。然而，只要计时有利可图，它就逐渐演变为另外一种更好的衡量方式——计件。

跟财富的收益对应的是财富的成本。成本也可以叫作负收益。财富的目的是给所有者创造收益，也就是让所有者渴望发生的事情发生，并防止他渴望不发生的发生。但如果不付出一些成本——阻止合意事件发生或促使不合意事件发生，财富往往是没法产生收益的。比如，想要享受住所带来的好处，你就必须打扫卫生。

当然，像收益一样，成本也可以衡量——用数量、时间或其他合适的单位。像收益一样，成本也可用价格和价值衡量，这时成本表现为一定的钱数。

这里要注意，千万别认为成本的形式就是货币支出。这种金钱成本在商人眼中已经显得过分重要，这往往掩盖了更为重要和根本的一种成本——劳动。即使在雇主眼里，劳动成本表现为货币成本，即工资支出，这种支出本身也并不是劳动。感受到真实劳动成本的是劳动者本身。世界上的工作主要都靠他们竭尽脑力和体力完成的。

归根结底，一人向另外一人支付的货币，对整个社会来说，既不是收入，也不是支出。然而，人们谈论生产成本的时候，往往想的是货币开支。所谓生产成本，不过是在各个生产阶段，一人对另外一人的支出。这样的生产成本项目都是两面的，最终自身会被一笔勾销。最终的成本项目只有一个：劳动成本或努力，即为了确保实现合意的体验而遭受的所有不合意的体验。总之，收入包括各种满足，而支出包括获得满足的各种努力。在努力和满足之间会发生无数的货币支出和交易，但他们最终都会相互抵消。货币支出和交易，只是连接努力和满足的机制。这一点，在像鲁滨孙·克鲁索这样（不用钱做交易的）孤立个体身上，就可以看得很清楚。但这点对于组织程度最高的社会来说，也一样正确。只不过是因为在这种社会中，每个成员都从钱的角度谈论和思考事情，这点才没被看出来而已。

我们的实际收入，并不是货币收入，而是货币买到的东西的收入——这种花钱买到的东西通常被称为生活。也就是，货币收入转变成实际收入，或者说货币收入花在了实际收入上。这些实际收入的形式有：食物和衣物（或者说食物和衣服的用途），庇护、消遣等（即住宅的用途和其他直接给人类带来益处的物品的用途）。这些用途，包括生活的必需品、舒适品和奢侈品。为获得给定数量的实际收入所花费的货币收入越多，"生活成本"（这个词现在听得特别多）就越高。工人拿到的货币工资并不是他的实际工资，而是名义工资。实际工资是花这些钱（货币工资）所得到的生活。

如果一个人有权享有未来某项财富可能带来的所有预期收益，我们就说他拥有这项财富的完全所有权，即没有权利负担的所有权。如果他仅能从特定一项财富中获得部分收益，我们就说他只是部分拥有[1]这项财富，或在这项财富中"拥有一份权益"。两兄弟以合伙制均等拥有一个农场，这时候两人都是部分所有者，各拥有农场的一半产权，也就是说，每人都有权享有该农场一半的收益。在两兄弟之间进行分配的，并不是农场，而是农场的收益。为了强调这一事实，法律将每个兄弟的股份描述为"未分割的一半权益"。合伙人权利往往只在共同所有人数量少的情况下，才会被采用。数量多的时候，所有权往往是被细分为股份，但原理还是一样——每个拥有股份的人都有权享有一部分归所有者的收益。

在测量了不同种类的产权（财产权）[2]的数量之后，我们就可以将已应用在财富和收益上的那些概念——转移、交换、价格和价值应用在产权上。每一种产权用其特定的单位度量。比如，美国宾州铁路公司的产权叫作股票，这是以股份数量计。股份（股）在这里就是计量单位。

1　即拥有部分所有权。

2　费雪在《资本和收入的性质》中，对产权的定义是"有可能获得财富的未来服务的权利"。

如果财富是完全所有且无条件世袭[1]，即如果所有权无分割——没有合伙人权利、没有股份和股份制公司，那就几乎没有实际必要区分产权和财富了。而且事实上，在粗浅的流行用法中，任何一项财富，尤其是不动产，往往被不准确地称为一项产权。然而，财富的所有权往往被分割了，这一事实使我们有必要仔细区分所拥有的东西与所有者权利。因此，一条铁路就是财富，其股份和债券就是对这项财富的权利。股份或债券的每一个所有者都有权享受铁路的部分收益。这部分权利及其他权利构成了铁路的完全所有权或铁路产权。

除了财富和产权的区别外，还有一个区别得注意。这个区别是产权（财产权利）和这些权利的证书[2]。前者是使用财富的权利，后者只是这些权利的书面凭证。因此，从铁路收到股息的权利是产权，但证明享有这项权利的书面文件是股份证书。一趟铁路旅行的权利是一项产权，而证明这项权利的车票是产权证书。银行的许诺是产权，印有该许诺的银行券[3]就是产权证书。

1　这里借用了房地产法律术语"fee simple"，指不限嗣继承地产权。"Fee"指可以被继承的房地产，而"simple"指继承者的资格不受限制。也就是说，如果有遗嘱，房屋按遗嘱中指定的继承人继承；如果无遗嘱，则由最近的血亲继承。按张五常的说法，土地使用权的年期可长可短，有永久年期的称"fee simple"，而永久年期加上自由转让权，称"fee simple absolute"——这就是西方法律鉴定为完整的私产土地了。

2　Certificate，也可译作"证明""凭证"。

3　Bank note，最早出现于17世纪，是由银行发行的用来代替商业票据的银行票据。典型的银行券，持票人可以随时持券向发行银行兑取金币、银币。到19世纪，许多工业化国家先后禁止商业银行发行银行券并把发行权集于中央银行。我们所说的"钞票"，就是银行券和政府纸币的俗称。

　　前面我们已经定义了三个非常重要和基本的概念：财富、收益和产权。由于每一个概念的出现都明显是为了换取货币，因此为了方便，我们可以用一个集合名词来囊括他们，这个名词叫商品[1]。

1　Goods，译为"商品"或"物品"，指可用于换取货币的物品。

第二章
货　币

一、货币误区

上一章的目的是介绍我们在商业中遇到的各种物品——财富、产权和服务的总体情况。在本章及下一章，我们将重点关注一组特别的物品，他们可以用于交换所有其他物品。这组物品就是货币及其替代品。

对于本章的主题——货币，存在太多的误区和谬论。我们最好从一开始就提一下几个最常见且一直存在的误区和谬论，尽管我们不打算完全解释或揭示它们。读者读完本书，就能够反驳这些谬误推理。

首先，不要犯把货币（钱）和财富混淆的错误。我们已经看到，财富跟货币不同，它是比货币更大的一个范畴。然而，人们很容易就忘了这个简单的事实，容易到难以置信！容易忘记的一个原因是用词草率，比如我们提起某个富人，总说"他有很多钱"。可以肯定的是，很少有人会如此天真地想象一个百万富翁真的藏有一百万美元实际货币。而是隐约觉得"他就是有这么多钱"。

还有一种货币谬论认为，如果一个人赚钱，就有另外某个人亏钱，因为世界上的货币存量是固定的，而且不难看出，"不管他赚的是什么钱，都是从另外某个人的口袋里掏出来的"。这种推理的问题在于它假设了贸易收益仅仅是实际货币收益，因此在每笔交易中，只有一方可以成为获益者。如果真是这样，我们还不如直接用赌博替代商业和制造业，因为在赌博中，一人赚到的钱就等于他人输掉的钱。然而，事实上，人们并不是为了获得金钱而从事贸易，而是为了获得金钱将要购买的东西，而这恰恰是正常交易的双方最终真正获得的东西。

另外，还有一些人试图证明地球上的人们永远无法还清债务，因为这些债务的金额超过了现有的货币供应量。他们说："如果我们欠人钱，我们能还的钱无法超过现有的钱。"这个说法听起来似乎有道理。但只要再多想一下，你就会明白，同一笔钱可以被一次次地用于偿还几笔不同的债务，而且事实就是如此；更不用说有些债务是完全不用钱来偿还的。

几年前在美国经济学会上，西部一名银行家认为，世界货币总量应该等于世界总财富，要不然，人们就永远无法还清他们的债务了。他解释说，在美国，1美元货币对应20美元财富[1]。他因此推断，债务人只有1/20的概率偿还债务。"只要有谁能反驳我这个

1　也就是说，货币总量其实只有总财富的二十分之一。

观点，我给他5美金。"他说道。在场没人接受这个挑战，有人打趣地说，这是因为只有1/20的几率可以拿到这承诺支付的5美元！我们将在后面看到，这种通过增加19倍的货币来让货币和财富相等的努力，注定是徒劳的。一旦我们增加货币数量，所有其他形式的财富的货币价值就会上升，这样的话，货币数量与财富的货币价值之间仍然存在差异。

一个长期存在的谬论是：有时候没有足够的钱开展全球商业活动，除非在这些时候增加货币数量，要不然商业的车轮会停下来或放慢脚步。然而，事实却是，任何数量的货币，不管多还是少，只要价格水平能够随该货币数量做适当调整，就一定能顺利开展全球业务。前几年，一流行杂志的编辑将这种谬论作为某篇主题文章的标题，标题叫"世界上没有足够的钱去开展全球工作"。他说："货币从地下开采出来的速度不够快，不足以满足新的生活状况。"事实上，以当前的价格水平，货币的开采速度快于"新的生活状况"所需求的，随之而来的，将会是物价的上涨。

还有一种货币谬论更微妙，它承认货币和财富不完全相同，但主张货币是获取财富不可或缺的一种手段。一位非常聪明的绅士最近断言，要不是1849年在加利福尼亚幸运地发现了黄金，（美国）这个国家就不可能在19世纪50年代初期就建成铁路，因为通过这些黄金，"我们才能够支付铁路的建造费用"。然而，他忽略了一个事实，那就是"世界财富不是通过购买财富来获得的"。一个人可能从另一个人那购买财富，但世界作为整体并没有购买财富，原因很简单，世界之外没有其他人，它无从购买。世界获得铁路，不是靠买，而是靠建。为我们提供铁路的，不是金矿，而是铁矿。即使世界上没有一分钱，也仍然有可能拥有铁路。加利福尼亚的黄金让那些发现它的人变得富有，因为它使得他们能够购买他人的财富。但加利福尼亚的黄金并没有为世界提供铁路，就像鲁滨孙·克鲁索在船上发现的钱币不能为他带来食物一样。

如果货币能让世界变得更富有，那我们并不需要等到金矿的发现。我们可以印纸币。历史上许多国家也这么做过。法国人曾经认为，政府无限量地印钞，他们就能致富。奥地利、意大利、阿根廷、日本和其他许多国家，包括美洲各殖民地和美国，都做过相同的尝试，结果也都一样：财富没有实际增加，只是用于交换财富的货币量增加了。

一种十分普遍的类似谬论是：加速货币流通，就能获得更多财富。腓特烈大帝试图以此为依据为自己发动的战争辩护。在一封信中他写道："我的大军促进了货币的流通，在各省之间公平地分配应缴税款。"这种说法背后的思想是，通过人为强迫货币易手来获得一定的收益。当然，货币流通本身一点都不重要，除非它带来了财富的增加。

金钱是财富的本质这种观念，是产生一系列理论和实践的几个观念之一，这些理论和实践被称为柯尔培尔主义或重商主义，它们形成了最早的所谓政治经济学学派。柯尔培尔是路易十四执政期间法国杰出的财政大臣，他坚信一个国家要富裕，必须拥有大量的货币。他的理论之所以被叫作重商主义，是因为它以商人看待生意的眼光来看待国与国之间的贸易，而每个商人都是根据自己的支出与收入之间的差额来衡量他的富足程度。为了把金钱留在国内，柯尔培尔和重商主义者都倡导如今被称为保护主义的政策。

如今，一般的美国民众都明白，国家间的贸易跟个体间的贸易一样，贸易双方都可以从交易中获益。但重商主义的一些谬论，像"一国卖的比买的多，就可以致富"以及"积累货币的'贸易顺差'"，依然很受欢迎，这些谬论已经成为美国保护主义的一个理论基础。尽管更聪明的保护主义者现在已用其他理由支持保护性关税，但上述古老谬论至今仍吸引着大众。这些人仍然认为，提高关税可以阻止国内人民在国外花钱，迫使他们把钱留在国内，从而使该国变得更加富裕。这种谬论一直存在的一个原因是，一直使用误导性词汇"有利的贸易差额"（favourable balance of trade）来表示出口大于进口，用"不利的贸易差额"（unfavourable balance of trade）来表示相反的情况。[1]

有一个很常见的货币谬论是关于利率的。利率可以被定义为一笔年度付款与这笔付款所购买的货币总额的比率。因此利率往往被叫作货币的价格。有人就由此推断，利率取决于市场上货币的数量。行业杂志说华尔街的"钱易得"（银根松，money is easy），意思就是利率低，或者容易借到钱。"货币市场吃紧"（the money market is tight），就是指很难借到钱。[2]我们经常听到这样

---

1 即"贸易顺差"及"贸易逆差"。

2 银根的松紧，英语用"easy"和"tight"形容。

的说法：如今生活成本高，并不是货币太多的缘故，因为如果货币真的充足的话，它会变得很廉价，也就是利率会很低。可能大多数不思考的商人相信，货币充足利率就低，货币稀缺利率就高。但其实这种观点是错的，它跟事实相矛盾。

我们应该记住，利息不仅仅是货币的价格（price of money），而且是以货币计算的价格（price in money）。举个例子，假设借100美元，每年都需要支付5美元。这时候利率通过5美元除以100美元算出。这时候这个分数的分子、分母都是用货币表示。而通货膨胀最终对双方都产生同样的影响。

我们应该注意"货币的价格"这个词，因为它有两个含义。它可以指利率，即两笔钱之间的交换比率——以货币收入计算的货币资本价格；还可以指货币对其他物品的购买力——某一给定货币量能够交换的其他物品数量。正如我们将看到的，货币充足将降低货币在后一种意义上的价格——对物品的购买力，但不必因此降低货币在前一种意义上的价格——利率。[1]

我们将发现，货币数量的重要性并不在所谓的货币市场（贷款市场），而在于价格总水平。奇怪的是，大众想的完全相反。人们认为，货币极大地影响了货币市场，但与高昂的生活成本几乎没有或完全没有关系。

---

[1] 得出该结论的理由之一是，银行家往往会结合银行准备金来看货币。如果银行准备金低，他会提高利率以"保护"他的准备金，而当准备金充足，他会降低利率以减少准备金。他会一直关注准备金，并根据其变动而调整利率，但他不应该凭自己银行金库里的货币数量来判断流通中的货币数量。——作者

上述种种货币谬论我们都得小心避免。每一个关于货币的主张也都应该警惕。比如，"生"[1]钱是个流行语，一直在用，却没有任何定义。严格地说，只有造币厂的人能够"生"钱。我们（造币工人之外的人）可能会获得财富，但除非伪造货币，否则我们无法在字面意义上"生"钱。

我们生活在一个复杂的文明，方方面面都涉及钱。钱已经成为一种面纱，掩盖了世界上其他更重要的财富。

二、一般价格和个别价格

本书的主要目的是研究货币单位（就以美元来说吧）的购买力。但是，美元的购买力仅仅是一般价格水平的倒数。说价格翻了一番，就是说美元的购买力减半。因此，我们的问题就变成研究决定价格上涨或下跌的一般原理，而今天，这个话题以"高生活成本"为名受到全世界的关注。

不幸的是，那些大谈生活成本太高的人，很少有人意识到这个问题的货币面。他们不仅将注意力集中在物品方面，还犯了一个错误，即认为用于解释单一物价上涨的供求原理，也可以用来解释物价的普遍上涨。这就好比一个人观察到了掀起个别海浪的

1　Making，一般翻译为"赚"或"挣"，即获得的意思。但此处费雪是从它的本义——"生产、制造"上讲的。

原因，并以此来解释潮涨一样。

事实绝不是物价总水平取决于个别物价，反而是个别物价部分取决于物价总水平。

因此，糖的价格是糖与钱（货币）的比率。任何买糖的人的脑海里都会平衡糖对他的重要性以及必须为此支付的钱的重要性。在做这种比较时，这笔钱在他脑海中代表的是如果不买糖他可能买的其他东西。同样一笔钱（给定数量的美元），如果美元的一般购买力很高，那钱在他脑海里就显得很宝贵，与美元对其他东西的购买力较低时相比，他更不愿将这笔钱用于买糖。也就是说，货币对一般物品的购买力越高，用于专门购买糖这种物品的货币数量就会越少，糖的价格也会因此变得越低。换句话说，一般价格水平越低，糖的价格越低。再换句话说，糖价必须跟一般价格步调一致。如果一般价格高，糖价往往就高；如果一般价格低，糖价往往也低。买糖者在决定花多少钱交换糖之前，必须对手里的钱能够买多少其他东西有所了解。

这就解释了为什么游客在国外听到陌生货币单位的价格时会一脸无助了。如果游客从未听过克朗、荷兰盾、卢布、密尔雷斯[1]，那任何以这些单位表示的商品价格，对他来说都没有意义。对以上任一货币单位而言，旅客只有在知道它跟他熟悉的货币单位相

1　克朗（kronen），当时奥匈帝国的货币单位；荷兰盾（gulden，也作 guilder），当时荷兰的货币单位；卢布（rubles），当时俄国货币单位；密尔雷斯（milreis），1942年前巴西货币单位，或1911年前葡萄牙货币单位。

比购买力如何[1]时，他才能说出他愿意为给定商品支付多少该货币。使用货币的人，脑海里肯定对货币的购买力有一定了解。这点需要强调，因为它往往被忽视了。我们都知道货币的购买力，只是往往没有意识到而已。正如看一幅画，我们往往不会注意到它的背景，但是会无意识地根据背景来观看前景中的人和物，并估量他们的大小、位置等。

让我们彻底放弃在价格水平方面逐一研究每种物品价格的想法，转而从总体上考察他们。我们将看到，这是一个关于货币及其替代物的流动，以及与之交换的物品的流动的问题。就像可以独立于个别海浪来研究海洋整体的潮汐一样，我们也可以独立于个别价格来研究价格总水平。不过，要做到这一点，需要先对货币有一番研究。

三、货币的本质

一个奇怪的事实是，尽管货币在实践中是最方便的手段，但在理论上始终是绊脚石。本章开头提到的那些功能，其实是人们想当然的，并不是货币的功能。那么我们想问：什么才是货币真正的功能呢？

---

1 也就是知道两种货币单位的购买力相差多少，也可以说是两种货币之间兑换的比率（即汇率）。

一开始，我们把货币定义为在交换中被普遍接受的财富。但在这么定义之前，我们还没有将产权（财产权利）定义为一种有别于有形财富[1]的物品形式；而这些权利，尤其是银行券，在交换中也一样被普遍接受。因此，货币的定义现在可以扩展到所有被普遍用于交换其他物品的物品。广义的货币，可以用来指代这种产权的证书。因此，通常我们将纸币视为货币，而不是它所证明的权利。

方便交换或被普遍接受是货币的主要特征。这种普遍接受性可以通过法律得到增强，这时候货币就成了法定货币（简称法币）[2]。然而，法律的这种增强并非必要。想要成为货币，所需要的只是具有普遍接受性。在不受法律约束的美国西部边远地区，货币有时候是金砂或金块；在美国独立前，弗吉尼亚殖民地的货币是烟叶；而新英格兰地区的印第安人用的是贝壳。

那么，特定商品变成货币，这一切是如何发生的呢？最初并不是因为政府颁布法令，而是因为这种商品很好卖——人们得到的效用直接来自商品用途而不是货币用途。人们甚至一开始都没有想到货币用途。这种货币用途的想法是逐渐产生和发展的。因此，黄金很容易出售和转售。许多人想把黄金用在珠宝上；而其他许多人在交易中也容易受诱导而接受黄金，即使他们个人用不到，因为他们知道，在任何时候他们都能轻易将黄金转卖给那些

1　Concrete wealth，也可译为"实物财富"。

2　法定货币指的是债务人可以合法提供（legally tendered）给债权人的货币，以此来偿还用该种货币表示的债务。——作者

想用它做珠宝的人。渐渐地，人们接受黄金，通常就只会想到转卖或无限流通下去，不会再想到其他用途。最终，黄金成了最重要的货币形式。它易于运输，且耐用。

实际上，当今文明国家中的所有金属货币都是铸造的，但如果铸币的原材料金块或金条在交换中被普遍接受，那它们也是真正的货币。本质上，铸造只是给黄金加上了重量和纯度的证明。铸造只是最后的润色，目的是让货币跟其他可交换的物品区别开来。可以这么说，如果货币是金块或金砂，就没有什么能将它（作为货币的金块或金砂）与其他具有高可交换性的物品明确区分开，只不过它的可交换性更高。换句话说，对于那些可交换程度跟金块或金砂几乎一样的物品，我们没有理由说他们不应该称作货币。

在前货币时代，世界正处于物物交换体系与买卖体系之间的过渡时期。由于各种不便和不愉快，物物交换逐渐被淘汰。最早出现的完全的物物交换体系，每种物品直接跟其他任何一种物品交换，这时候如果有10种物品相互交换，就有45个价格比率，而如果使用货币，就只有10个；如果有100种物品相互交换，就有4 950个价格比率，而不是100个。阿尔弗雷德·拉塞尔·华莱士在马来群岛旅行时，身上不得不带着刀、布、西米和其他大量商品，因为只有这样才能进行任何交易。

物物交换也很不方便，因为其中一些物品（比如刀子）不容易再分割。

然而，物物交换并没有完全消失，而且很可能永远不会消失。

农场劳动的报酬有一部分是农产品，乡村神职人员的劳动报酬有时候也是农产品（教区居民的农产品）。而在工业城镇，员工的报酬有时候是"企业内部商店"[1]里的"小商品"。实际上，即使在组织最严密、拥有各种货币和信贷便利的现代市场，物物交换也时有发生。雇员的部分报酬是伙食和住宿。其他偶发的物物交换每天都在发生。然而，跟使用货币和支票进行的巨额交易相比，这些物物交换微不足道。

在到达真正的货币之前，我们需要跨越不同程度的可交换性。在所有物品中，最不容易交换的物品之一是不动产。通常很难找到想要购买特定一块不动产的人。而不动产抵押贷款的可交换性就要高一点。然而，抵押贷款的可交换程度还是低于众所周知且安全的公司证券或政府债券。而可交换性比政府债券还要高一度的是定期汇票，再往上是即期汇票；而到支票这里，其可交换程度几乎就跟货币一样了。然而，以上提到的这些都不是真正的货币，因为没有一种是"被普遍接受"的。

如果将注意力集中在当前和正常情况，以及那些是货币或最接近货币的交换手段上，我们将发现，货币本身就属于一种可称为流通媒介的一般物品类别。

任何种类的物品，不管是否被普遍接受，只要其主要目的和用途是充当交换手段，就可以算是流通媒介。

最主要的两类流通媒介是：1.货币；2.银行存款。通过支票，

1　Company store，也叫员工福利社，指由工业企业所有和运营的零售商店。

银行存款可以作为换取其他商品的支付方式。支票是银行存款转移的凭证。支票只有得到收款人的同意，才会被接受。而且陌生人通常不接受支票。然而，通过支票，银行存款在现实中的确充当了交换媒介，甚至比货币还要更通用。在美国，受支票支配的银行存款，处理超过90%的交易——也因此，它有时候被称为存款通货。

虽然经支票转移的银行存款属于流通媒介，但它不是货币。而另一方面，银行券则同时是流通媒介和货币。在这两者之间，有一条区分货币和非货币的最后分界线。画这条线要小心谨慎，尤其是当支票是银行本票或保付支票[1]的情况下，因为在可接受性上，这两种支票跟银行券极其相似。此二者均要求银行见票即付，且都授予持票人提款的权利。不过，银行券在交换中能被普遍接受，而支票只有经收款人的特别同意才能被接受。真正的货币，收款人会毫不犹豫地接受，这是受到法定货币相关法律或已有习俗（或两者皆有）的促使。

真正的货币有两大类：本位货币（主币）和信用货币。本位货币由商品充当，且这种商品在不做货币使用而作他用时，其价值与其充当货币使用的价值完全相等，即能充当本位货币的商品，即使不作为货币使用或改变形态而没法作为货币流通，也能拥有

---

1 银行本票是银行作为唯一签字人直接签发的、承诺在见票时无条件支付给收款人或持票人的票据。

　　保付支票是指付款人签发的，经银行进行保付担保的支票，付款人对支票负有绝对付款责任。

其全部价值。比如，美国金币是本位货币，因为它即使被熔化为金条，价值也不会降低。同样，殖民地时期，弗吉尼亚的烟草货币也是本位货币，其价值与烟草一样。

至于信用货币，其价值全部或部分取决于持有者用它换取本位货币或其他物品的信心——比如，用它换取银行或政府的本位货币，或以其偿债或购物的信心。[1]例如，在美国，1美元银币（银元）是信用货币，它之所以能够值1美元，只是因为公众相信政府会像接受黄金一样接受其作为税收，人们也会像用黄金一样，用它来偿还债务或实现其他目的。跟金币不同，如果将1美元银币熔铸成条，它将失去很大一部分价值。这时，用1美元银币熔铸的银条就不值1美元了，只值40美分。美国其他银币若熔铸成银条，其价值缩水得更厉害。[2]镍币和铜币的情况更甚。银行券、政府发行的纸币和其他形式的纸币就更夸张了，这些信用货币作为纸币真的是一文不值，但作为货币却具有很高的价值，因为人们有信心，他们相信这些信用货币能兑换银行或国库里的黄金。在美国，市场上流通的大部分货币都是信用货币，主要包括银元、含银的合金铸币、小硬币、银券、金券、政府（发行的）纸币（俗称"绿背纸币"）和银行券。关于这些货币的确切性质已超过本书讨论范围，不过读者可以自行研究，偶尔经手这些不同形式的货

1　有一些经济学家提议，"信用"货币根本不应该称为货币，即"货币"这个术语应该只局限于本位货币。像在其他地方一样，在这里遵循平常的用法似乎更可取。有一些国家在某段时期是没有本位货币的，只有信用货币。——作者

2　即其他银币熔铸成条的价值与其作为银币的价值之比更小。

币时，可以看下上面刻写的文字。

促成本位货币可交换的性质不胜枚举；其中最重要的是可携带、耐久和可分割。而使信用货币可交换的最主要性质，是它的可兑换性，即可以兑换成本位货币，或强加在它身上的"法币"性质。

图1

图1所示乃美国所有流通媒介的分类。该图表示美国各项流通媒介的总额稍微超过100亿美元：支票银行存款为85亿美元；货币为 $16\frac{2}{3}$ 亿美元，其中10亿美元是信用货币，只有 $6\frac{2}{3}$ 亿美元是本位货币。

第三章
交易方程式

一、算术表达

本章我们将初步研究货币的购买力，不考虑银行存款（或支票）的流通，而将注意力集中在本位货币和信用货币的流通上。在美国，唯一的本位货币（主币）是金币。信用货币则包括辅币和纸币。

不考虑支票的话，我们可将交换分成三类：1. 以货币换取货币，即货币兑换；2. 以物品换取物品，即物物交换；3. 以货币换取物品，即买卖。上述三项交换，唯有最后一类构成所谓货币的流通。因此，货币的流通量表示以货币换取物品的货币总额。所有为流通而持有的货币，即用于支付所购物品的货币，就称为流通货币。这包括在人们口袋和钱包里的钱，以及在商人的收银柜和保险柜里的钱。在美国，流通货币包括银行金库与政府国库之外的所有货币。

若忽略支票流通的影响，我们可以说物价水平只取决于下列三类因素：1. 流通中的货币量；2. 货币的流通"效率"或流通速度（即一美元[1]在一年内换取物品的平均次数）；3. 交易量（即每年用货币购买的物品数量）[2]。所谓货币数量理论，指的是价格与货币量成比例变动。尽管对它的表述往往不正确，但至少有一点是正确的，即在货币流通速度和交易量不变的情况下，价格水平直接随流通的货币数量的变动而变动。该理论用交易方程式来说明更清楚。

交易方程式是对某一社会在一定时期内发生的交易总量的一种数学表述。它通过所有个别交易的交易方程式相加得出。例如，假设有一人以7分每磅的价格购买10磅糖，这就是一个交易，在这个交易中，10磅糖就可以被看作跟70分相等，用等式表示就是：

$$70分 = 10磅 \times 7分/磅$$

其他买卖也都可以用类似的等式表达；而将所有此类方程式相加，即可得到某一社会在某一时期的交易方程式。即，方程左边表示给定时期内的货币支出总额，右边表示同一时期内购买的物品总值。然而，在这期间，一笔钱可能服务了好几项交易，且现实往往如此。因此，上述方程式左端（货币端），往往是流通货币总量的好几倍。货币端显然可以视为货币数量与流通速度（即交换物品的次数）的乘积。

所谓流通速度或周转速度，指的是一个社会一年内购物支付

1　即一单位货币。

2　译者认为，交易即贸易，"volume of trade"也可译为"贸易量"。本书翻译中"交易"与"贸易"不做区分。

的货币总额，除以平均流通（货币）数量得出的商，是不同人的货币周转次数（周转率）的某种平均。每一个人都有他自身的货币周转次数，这个比率由他每年花费的货币，除以他持有货币的平均额得出。至于物品端，则是每种物品的数量与价格的乘积，然后进行加总。

我们可自货币端开始探讨：如一国的货币为500万元，而这500万元的平均流通速度是20次每年，则该国每年用以交换物品的货币总额为500万元乘以20，即1亿元。此为交易方程式货币端的情况。

由于交易方程式的货币端为1亿元，另一端物品端的总值也必须为1亿元。因为如果在该年内有1亿元货币花在物品上，那就有价值1亿元的物品于该年内售出。由于物品种类繁多，数量与价格又多有变动，故为简便计，我们目前假定只有三种物品——面包、煤炭和布匹，其销量及价格如下：

面包2亿条　　　　　0.1元/条

煤炭1 000万吨　　　　5元/吨

布匹3 000万码　　　　1元/码

上述三种交易的总值是1亿元，其中面包总值2 000万元，煤炭5 000万元，布匹总值3 000万元。由此可见，上述交易方程式可简列如下：

$$5\,000\,000 元 \times 20 = 200\,000\,000 条 \times 0.1 元/条$$
$$+ 10\,000\,000 吨 \times 5 元/吨$$
$$+ 30\,000\,000 码 \times 1 元/码$$

货币端由两个量构成：货币数量和货币流通速度。物品端也包含两个量：各项交易物品的数量（条、吨、码）与各项物品的价格（0.1元每条、5元每吨、1元每码）。该方程式表明，这四个量是相互关联的。由于方程式两边必须相等，各项物品的价格与其他三个量——货币数量、货币流通速度以及物品的交易数量的大小有关。因此，从总体来看，各物品价格将随货币数量及其流通速度的变动而成正比变动，而与物品交易数量的变动作反比变动。

举个例子。假如货币数量翻倍，而货币的流通速度和物品交换数量不变，这时候想让物价保持不变则不可能，因为交易方程式必须仍然成立。此时货币端1 000万元×20次每年，即总额为2亿元；此时若物价不变，则上述三项物品的总值仍为1亿元，这样的话方程式将无法成立。不管是个人还是集体交换，交换都需要等价的交换条件，方程式两边必然相等。因此，在给定条件下，物品端的价格势必上涨，以使其总值自1亿元增至2亿元。上述交换的物品总值增加1倍，可能是由物价的均等上涨[1]所致，也可能是由物价的不均等上涨所致，但不管哪种原因，物价必定会出现某种程度的上涨。如果物价平均上涨，则价格显然会增加1倍，因此方程式可改列如下：

$$10\ 000\ 000元 \times 20 = 200\ 000\ 000条 \times 0.2元/条$$
$$+ 100\ 000\ 00吨 \times 10元/吨$$
$$+ 30\ 000\ 000码 \times 2元/码$$

1　指涨幅相等。

如果各物价的涨幅不均等，则上述各物品总值增加1倍，显然就出自补偿；如果一些物价涨幅少于1倍，则必有其他物价涨幅超过1倍，且以其超过部分来弥补不及的部分，刚好使得各物价平均涨幅为1倍。

但不管所有物价涨幅一样——都涨了1倍，还是其中一些物价涨幅超过1倍一些不及1倍（但使得所有已购物品的总货币价值增加1倍），平均来说，物价上涨了1倍。这个观点通常这么表述："一般价格水平"（价格总水平）上涨了1倍。因此，从"购物所付的货币必等于所购物品的数量乘以其价格"可知，除非货币的流通速度或物品交易量有所变动，否则物价水平必随货币数量的变动而涨跌。

正如货币数量的变动可影响价格一样，其他因素——物品交易量与货币流通速度的变动也会以同样的方式影响价格。例如，假定货币流通数量和物品交易量不变，则货币流通速度加倍，将使物价水平翻一倍。方程式将（从原始形式）变成这样：

$$5\,000\,000 元 \times 40 = 200\,000\,000 条 \times 0.2 元/条$$
$$+ 10\,000\,000 吨 \times 10 元/吨$$
$$+ 30\,000\,000 码 \times 2 元/码$$

形式还可以假定是这样：一些物品价格的涨幅超过1倍，一些不到1倍；但其超过与不及的程度，刚好足以使上述销售总额不变（即增加1倍）。

其次，如假定货币数量及其流通速度不变，则物品交易量增加1倍，不仅不会使物价水平上涨1倍，还将使其下跌一半。在这一情况下，交易方程式将（从原始形式）变为：

$$5\,000\,000\,元 \times 20 = 400\,000\,000\,条 \times 0.5\,元/条$$
$$+ 20\,000\,000\,吨 \times 2.5\,元/吨$$
$$+ 60\,000\,000\,码 \times 0.5\,元/码$$

形式还可以假定是这样：一些物价跌幅超过50%，一些不到50%，但其结果使得上述方程式两端相等。

最后，如果货币数量、货币流通速度以及物品交易量三者中有两种或三种同时变动，则物价水平将是这些影响因素混合或合力的结果。例如，如果货币数量增加1倍，流通速度降低1半，而物品交易量不变，那么价格水平将不受干扰。同样，如果货币数量、物品交易量都翻一倍，而流通速度保持不变，物价水平也不受干扰。因此，货币数量增加1倍，并不总是使物价上涨1倍。我们必须清楚认识到，货币数量只是决定物价水平的三个因素之一，而且这三个因素同等重要。

二、机械图示

以上是通过算术阐明交易方程式。除此之外，我们还可以用机械图示来说明，见图2。图2表示一架处于平衡中的机械天平，图中两端分别代表交易方程式的货币端和物品端。横梁左端悬有一钱包，代表流通货币，自该钱包悬挂点到支点的距离，或力臂，代表货币的效率或流通速度。其距离与重量的乘积，就等于另一端上各重物与其距离的乘积之和。横梁右端悬有三种物品——面包、煤炭与布，分别以一条面包、一个煤炭斗和一匹布表示。各物悬挂点到支点的距离，代表各物品的价格，为使右端的距离不致过长，我们不妨将煤炭的计量单位自吨改为英担，布的自码改为英尺，从而使各物品的单位数量变大——煤炭从1 000万吨变为2亿英担，布从3 000万码变为9 000万英尺。[1]按新单位计算的煤炭价格为0.25元每英担，布的价格为0.33$\frac{1}{3}$元每英尺。[2]

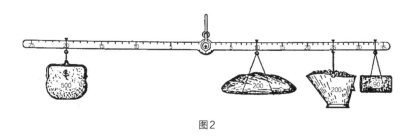

图2

　　很明显，为维持两边的平衡，若左边的钱包变重，则右边有些重物得变重，或往右移，要不然就是钱包本身得往右移。若第一和第三种变化没出现，则第二种变化必定出现。换句话说，若钱包的位置不变（即货币流通速度不变），且右边重物保持不变

1　由于美国较大的计数单位用的是百万，因此，图2从左到右的单位分别转化为百万元、百万条、百万英担、百万英尺。图3亦如此。1英担约合0.051吨；1码约合0.914米。
2　原书用的是分（cent），在此均改为以元为单位。

（即交易量不变），则部分或所有这些重物势必得往右移（即物价必须上涨）。若这些物价的涨幅一致，则那他们上涨的比率（涨幅）将与货币上涨的比率一样；若这些物价的涨幅不一致，有些比货币上涨的比率高，有些比它低，则其平均上涨幅度，也必与货币上涨比率相同。同理，若货币流通速度加快，即如果左边力臂（左边重物到支点距离）增长，且流通中的货币（钱包）与交易量（右边的三个重物）保持不变，则物价必定上涨（右边各力臂增长）。此外，若交易量增加（用增加右边重物重量表示），且货币数量（左边重物）保持不变，则物价必定下跌（右边各力臂缩短）。

总而言之，这四个量中任一个发生变动，其他三个量中的一个或多个也必然同时发生变动，因为只有这样才能维持均衡。

由于我们所关注的是物价的平均变动，而非各物价的单独变动，故为简化计，我们也可以将右端各物置于一平均点，以此点至支点的距离代表其平均价格。0.1元每条（面包）、0.25元每英担（煤炭）、$0.33\frac{1}{3}$元每英尺（布）的平均价格，可用总价值除以单位总数得出。总价值等于1亿元（0.1元 ×2亿条+0.25元 ×2亿英担 $+0.33\frac{1}{3}$元 ×0.9亿英尺）；单位总数等于4.9亿（2亿+2亿+0.9亿）。因此，平均价格为1亿元 ÷4.9亿=20.4分（0.204元）每单位。这个距离是原来三个距离的"加了权重因素的平均数（加权平均数）"，这里"权重"的意思就是三种物品的重量。

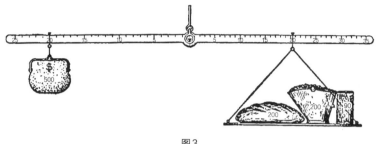

图3

这种价格的平均如图3所示。右端各物品平均价格（右端力臂），与货币数量（左端重物）成正比变动，与货币流通速度（左端力臂）成正比变动，而与交易量（右端重物）成反比变动。

三、代数表示

为了用一般术语表示这些关系，令：

M表示流通中的货币，

V表示流通速度，

p，p'，p''，…表示各种物品的价格，

Q，Q'，Q''，…表示已售的各种物品数量，

这时我们可以将表达式写成：

$$MV = pQ + p'Q' + p''Q'' + \cdots$$

显然，MV表示一年内为物品所支付的货币数量。在方程式的

另一边，pQ、$p'Q'$ 等表示已购的各种物品的价值。如果方程中 M 翻倍（而 V、Q 保持不变），那么 p 平均来说也翻倍；如果 V 翻倍（M、Q 保持不变），那么 p 也同样会翻倍；而如果 Q 翻倍（M、V 保持不变），p 则会降低一半。

方程式的右边，是各 pQ 项——即各物品价格与其数量之乘积——的总和。在数学上，我们往往使用前缀符号 Σ，来对所有形式相同项的和进行缩写。在这里，我们就以 Σ 作为 pQ 的前缀。希腊字母"Σ"，英文叫"sigma"，相当于英文字母"S"——"sum"的第一个字母，它被用作求和符号。这个符号所表示的，跟 M、V、P、Q 不同。它只表示求和运算，应该读作"下列各项的总和"。因此，交易方程式可写作：

$$MV = \Sigma pQ$$

如果我们愿意，还可以将右边再简化为 PT 的形式：P 代表所有 p 的加权平均，T 则代表各种物品交易量的总和。T 是以单一量表示整个社会的交易量。因此，简化后的方程式（$MV=PT$）其实就是图 3 的机械图示，其中所有物品，并不像图 2 一样分开悬挂，而是将分别悬挂的物品合并，悬挂在一平均点上，以代表他们的平均价格。

四、货币数量论

简要概括前几节的内容，我们发现，在假定前提之下，物价的变动：1. 直接随流通中的货币数量（M）成正比变动；2. 直接随货币的流通速度（V）成正比变动；3. 随交易量（T）成反比变动。其中，第一种关系特别值得重视。它构成了"货币数量理论"。

该原理之重要，争议之大，都让我不得不对它做进一步的说明。如上所述，所谓"货币数量"，指的是流通中的"元"（或其他给定的货币单位）数。这个货币数额可能以各种方式变动，其中有四种方式最为重要。对这四种方式的说明，一方面有助于我们理解已得出的结论，另一方面则揭示了这些结论赖以成立的货币基本特征。

第一种方式是假定政府将所有货币的面额翻一倍：原来的半元（五角）现在改称为一元，原来的一元改称两元。显然，此时整个社会流通的"元"数量将增加一倍；而按新货币单位"元"计算的物价水平，也是原来的两倍。事实上，此时个人所支付的铸币[1]数，实际上跟这项法令未实施前相同；但在每项交易中，个人所支付的"元"数则为法令未实施前的两倍。例如过去购买一双鞋子必须支付3元，如今这双鞋子的价格变成6元。流通中的货币数量（M）增加一倍［流通速度（V）和交易量（T）保持不变］，平均物价水平（P）必上涨一倍。

---

1 Coins，也可译为"金属货币""硬币"。

第二种方式，是假定政府将每一元[1]划分为二，将其一半分量改铸成新"元"，同时收回所有纸币，另发行较原数多出一倍的纸币——即新发行的纸币得两张才能换取老纸币一张。简言之，假定货币不仅（如第一种方式一样）改了名字，还重新发行了。此时，在降低货币价值后的各项物价，也同第一种方式一样上涨一倍。凡在货币价值未降低前支付一元者，今则将以两元——即以过去的两枚半元，改铸为两枚新的一元——支付。

在第一种方式中，货币数量的增加只是名义上的——因铸币名称改变而引起的增加。在第二种方式中，除货币名称改变外，还有铸币进一步改铸的事实。在前一情况下，各种货币的实际单位数并未改变，只是这些货币的面值加倍而已。而在后一情况下，由于每一个铸币都被切分并重铸成两个铸币，其货币的实际单位也倍增了——此时，每个新币在名义上的面值和过去相同，而货币总量却是过去的两倍。至于纸币，也以同样理由倍增了。

第三种方式则假设政府将每一现有货币复制一份，并以这复制货币付给原货币持有人，而非就原有的"元"切分重铸为二，这样一来，货币的"元"数增加一倍。（在这种情况下，我们需要进一步假设当时必有一些有效障碍防止货币的熔化或外流；否则流通货币的数量将不会增加一倍，增加的货币有许多会逸漏。）如果货币数量因此增加一倍，则物价的变动也必像第二种方式中的一样上涨一倍；在第二种方式中，货币经改铸后的面值并未有所

1　这里的"元"（dollar）指的是金属货币，即硬币。

改变。第二与第三种方式的区别，仅为铸币的大小不同，重量不同。在第三种方式下每一铸币的重量并未减少，仍维持原重量，但其货币总数则增加一倍。这种将原重量的铸币加倍的结果，跟将货币重量减半的结果一样，都令物价上涨一倍。

第四种方式是利用铸币税的方法使第三种方式回传给第二种，根据李嘉图的说法，这种方式对物价的影响更为明显。此即在所有货币经过复制增加一倍以后，再由政府抽掉每个铸币的一半，从而使其重量如第二种方式一样减轻一半，消除了两种方式的唯一不同点。只要铸币总数保持不变，这种由统治者对铸币抽税的方式将不会影响铸币的价值。这时候的物价水平，将和未抽铸币税前的物价水平完全一样。

因此，不管货币数量以何种方式翻倍，结果都是物价翻倍，除非在同一时间货币流通速度或交易量有所变动。

读者可能会问：货币数量的增加，是不是不一定会直接导致货币流通速度或交易量的变动？答案是一定会。不过，这个答案只有在知道流通速度和交易量的决定因素后才能理解得更透彻。在本章，我们只想证明，在流通速度和交易量不变的前提下，货币数量增加必然导致物价上涨。

历史上，通货膨胀导致物价上涨的例子有很多。而在当下，阿根廷的纸币就是膨胀的，以纸币比索计算的物价是原来以黄金比索计算的物价的两倍还多一点。

因此，货币数量论断言：假定货币流通速度和交易总量不变，如果我们增加货币数量——不管是对铸币重新命名，还是将其一分为二，或是对其进行复制，或其他任何方式，物价都会作相同比例的上涨。真正重要的是数量，而不是重量。只要元的数量保持不变，每一元的购买力都和以前一样，不管其重量是多少。这个事实值得特别强调。它使得货币跟所有其他物品不同，并解释了货币购买力与其他物品相关联的独特方式。

对于糖或其他一般商品来说，真正重要的是实际重量，而不是表示重量的单位数量。如果某个社会中糖的数量从 1 000 000 美担变成 1 000 000 磅[1]，并不能使得 1 磅的交换价值[2]等于之前 1 美担的交换价值。但如果流通中的货币从 1 000 000 单位的某一重量，变成 1 000 000 单位的某一更小重量，新轻币的价值还是跟旧重币一样，因为我们可以从交易方程式中看出，货币的购买力是不变的。

因此，货币数量论的基础就在于，与其他物品相比，货币有自己的特质，即货币跟满足人类欲望无明确关系，但它具有购买物品的能力，而这些物品能够满足人类的欲望。

---

[1] 1 美担等于 100 磅。

[2] 在交换中的价值。

第四章
银行支票存款

一、流通信用的秘密

现在，我们将探讨银行存款通货或流通信用的本质。我们这里所说的信用，指的是一方（债务人）向另一方（债权人）支付货币的承诺。银行支票存款指的是一类特殊的债权人——储户对银行的索取权，凭借这个权利，储户随时可凭支票从银行提取某一指定数额的货币。由于我们不讨论其他银行存款，是以可将银行支票存款简称为银行存款。它们也称为流通信用。

我们将看到，支票本身并非最终的通货，支票取款银行账上的银行存款或贷方余额才是。正如之前提到的，这些支票存款并不是真正的货币，因为不被普遍接受；他们往往需要得到收款人的特别同意。但支票存款是流通媒介，因为这是它的主要目的和用途。

银行存款的转移，在某种程度上造成了所谓的银行业之谜。许多人误以为流通信用是可由银行凭空创造的一种特别的财富形式。另一部分人则认为信用完全没有实际财富基础，只是一种不真实和膨胀的泡沫，是一种不稳定的存在（如果不是完全不合法的话）。事实上，银行存款跟银行券一样容易理解，而且本章针对银行存款所讲的内容，放在银行券身上也一样正确。主要的不同是形式上的：银行券流通自由，可直接转移过手；而存款通货的流通则须凭一种叫作支票的特殊的已背书汇票[1]。

为了解银行存款的真实本质，我们不妨设想有一机构——主要经营存款并保管实际货币的原始银行。初创时的阿姆斯特丹银行就与这种机构很像。许多人向此银行存入黄金，并领取存款凭证。假设这些人一共存入10万元黄金。如果这家银行编制资产负债表，表中会显示保险库里的10万元黄金和欠储户的10万元，如下所示：

资　　产		负　　债	
黄金	100 000元	应付储户[2]	100 000元

上表右端的"应付储户"，由亏欠各储户的款项加总得出。假定其中欠甲1万元，欠乙1万元，欠丙8万元，则上表可写成：

1　汇票的英文是"order"，其实就是"（支付）命令"。

2　Due depositors，即银行的负债，其实就是"储户的存款"。

资　　产		负　　债	
黄金	100 000元	应付储户甲	10 000元
		应付储户乙	10 000元
		应付储户丙	80 000元
	100 000元		100 000元

　　现再假定甲想还1 000元给乙。甲可以带乙一起到银行，出示自己的存款凭证（存折之类）或1 000元的支票，取出1 000元的黄金交给乙；乙拿到钱后，可能再次存入同一家银行——自出纳窗口存入，并取得以乙名义为抬头的新存款凭证。不过，其实甲和乙不一定得一起到银行点交货币，甲可以拿1 000元支票给乙，由乙寄给该银行，然后银行会在其账上将甲的存款减少1 000元，并将这1 000元加在乙的存款上。于是此一转移将使甲存在该银行的存款自10 000元降为9 000元，而乙在该银行的存款则自10 000元增至11 000元。此时，上表的内容变更如下：

资　　产		负　　债	
黄金	100 000元	应付储户甲	9 000元
		应付储户乙	11 000元
		应付储户丙	80 000元
	100 000元		100 000元

　　由此可见，存款凭证或支票可替代现金在银行各储户间流通。在这种情况下，真正改变所有权或流通的只是存款而已，即提款的权利。支票只是这项权利以及这项权利从一个人转移到另一个人的某种证明。收票人就是把支票当作到银行从开票人的账户上提款的证明。

　　在上述情况下，银行势必遭受损失，因为银行为其储户调整存款余额，必须耗费员工的时间和精力而无任何回报。但银行马上发现（正如阿姆斯特丹银行所为）：可用存款中的部分黄金对外放贷，收取利息。这种做法并不会令储户不悦，因为储户并不期望或渴求取回他存进去的那些黄金。储户所希求的，是随时可从银行取得与其存放金额相等的黄金。由此可知，储户与银行的协议，并不是要求支付某种特定黄金，而是要求支付一个确切的金额；而且有时银行发现它可将部分黄金自由放贷出去，否则它们就将闲置在金库。使黄金成为呆滞库存，实为一种不必要的坐失良机。

　　让我们进一步假定，银行决定将金库里一半的货币拿来放贷。在美国，银行放贷时，借款人需要向银行签发"本票"[1]。如今，一笔贷款就是以货币换取一张本票。让我们假定，借款人从银行提取5万元黄金。因此，银行是以这部分货币换取借款人的本票，其账册记录如下：

---

[1] 本票，指的是出票人自己于到期日无条件支付一定金额给收款人的票据，是一项书面的无条件支付承诺。在这里，本票指的是出票人为企业或个人的一般本票，而非银行本票。

资 产		负 债	
黄金	50 000 元	应付储户甲	9 000 元
本票	50 000 元	应付储户乙	11 000 元
		应付储户丙	80 000 元
	100 000 元		100 000 元

我们注意到，此时银行的库存黄金只有 5 万元，而存款总额仍为 10 万元。换言之，此时银行储户的存款货币数，大于银行库存数！但正如后文所述，这种表述与一种流行的谬论有关，它误用了"货币"一词。因为在每一笔贷款背后都有等值的东西，但它不一定是货币。

接下来，我们再假定借款人将借出的 5 万元货币重新存入该银行，以换取随时提取这部分钱的权利——在某种意义上他成了贷款人，并且假定在使用该款项支付时，他倾向于用支票而非货币。换句话说，我们假定借款人在借得款项后，又将它借给银行。此时，银行资产将增加 5 万元，而其债务（或扩张的信用）也同样增加 5 万元，资产负债表如下：

资 产		负 债	
黄金	100 000 元	应付储户甲	9 000 元
本票	50 000 元	应付储户乙	11 000 元
		应付储户丙	80 000 元
		应付新储户（即借款人）	50 000 元
	150 000 元		150 000 元

在这个案例中，一开始，银行贷出黄金，换取一张本票；然后，储户以黄金存入，换取一项提取存款的权利（提款权）。因此，银行的库存黄金并未移动；银行收到一张本票，而储户得到一项提取存款的权利。很明显，这个结果等价于每个借款人用本票换取提款权。对外行读者来说，上述操作极易使他们感到困惑，于是我们再就银行放款前与放款后的情况——即就这类以本票换取提款权的事实——进行重新列表。

放款前

资　　产		负　　债	
黄金	100 000元	应付储户	100 000元

放款后

资　　产		负　　债	
黄金	100 000元	应付储户	150 000元
本票	50 000元		

因此，在这里，货币作为中介不但没必要，还增加了复杂程度，尽管它可能有助于在理论上理解权利和负债之间的转移。因此，银行收到的存款，可能是黄金，也可能是付款承诺。为交换这些承诺，银行可能会给予（或借出）提款权或黄金。即使借款人只是"存入"付款承诺，也视为他在银行存有货币；而且像其他实际货币储户一样，他也被授予凭签发支票提取货币的权利。

此项提取货币的权利总值，姑且不论其来源如何，皆以"存款"称之。银行多以这项提款权放贷，而少用货币放贷，部分是因为这给顾客提供了较大的便利，部分是因为银行希望保有较多的实际货币或现金储备，以应随时发生的大量提现之需。事实上，如果银行以货币放贷，则这贷放的货币必有一部分在做生意过程中由借款人支付给他人，而后者又将其再次存入银行——只不过未必是原银行而已。因此，一般银行都不愿意以货币放货，或者说不愿意借款人提取货币。

除了出借存款权利外，银行还可以出借（贷放）自己的钞票——银行券。管理银行券的原理跟管理存款权利的原理相同。持有者只是从持有银行账户的信用（存款），变成持有一口袋银行券而已。银行必须随时准备见票即付，不管持票人是持有银行券还是支票。不管偿付给谁，银行都是用一个承诺交换另一个承诺。在银行券情况下，银行就是用银行券换取顾客的本票。银行券无须支付利息，但得见票即付，且得由一家众所周知且备受信赖的机构发行。而顾客的本票虽有利息支付，但其支付往往有一个确切的日期，而且是由个人发行。

假设银行发行5万元银行券，则资产负债表将变成：

资 产		负 债	
黄金	100 000元	应付储户	150 000元
贷款（本票）	100 000元	应付银行券持有者	50 000元
	200 000元		200 000元

二、流通信用的基础

我们必须重复一遍，由于存在信贷，银行的存款和银行券可能超过其现金。只要人们不将银行业务当作货币业务，这一事实就没什么深奥难解的。用货币业务来描述银行业务，既是比喻，也是误导。银行业务不是货币业务，正如它不是不动产交易一样。一个银行储户通常并非真得在银行"存入"钱；而且不管有没有存入，他也不能说他"有钱存在银行"。他所持有的，是银行对他随时支付货币的承诺。银行欠他钱。你欠别人钱，对方绝不会认为他有钱存在你那里。

应用于银行存款的财产规则，也同样适用于银行券。在这些相互承诺的背后，财富总是存在，只不过受担保的程度不同而已。持票人的承诺（其本票）以他的资产做担保；而银行的承诺（银行券）以银行资产做担保。持票人是以不太知名的信用"交换"更知名的信用。

如果这个事实已牢记于心，读者就可以消除心中疑问：银行有权出借部分储户资金吗？在任何资产负债表中，负债的价值背后都有资产价值做支撑。这一点怎么强调都不为过。银行的存款也不例外。尽管银行的现金资产可能少于其存款，但我们不可因此被误导。外行读者在第一次获悉银行券持有者和储户有权从银行提取的货币数超过银行里面的货币数时，容易贸然得出结论：在银行券或存款负债背后，并无任何物品支撑。事实上，就一个清偿能力健全的银行而言，在此类债务的背后，往往有价值充足的资产（如果不是价值充足的货币的话）作支撑。负债没法超过资产，除非破产；但即便破产，资不抵债也只是名义上的。其负债的实际价值还是等于可用于还债的（资产）价值——比如资产为名义债务的25%。负债的真实价值将取决于并等于这些负债背后的资产（即可用于偿还负债的全部资产）的真实价值。没偿还或没完全偿还的债务就叫作坏账；坏账的价值不是其表面价值，而是它们对债权人的实际价值。

尽管就银行原理而言，支撑此类负债的资产可能是各种财产，但就实际所见，此类资产多为商人所签发的本票。如果资产包括没有（抵押、债务等）负担[1]的不动产和其他财富的所有权，使得此类财产所代表的有形财富能被明显看出来，则所有疑惑将一扫而光。不过如果这类资产是上述本票，结果也没分别。银行放款，不愿收受谷物、机器或钢锭作抵押，宁愿收受能直接或间接换取此类实物的公司本票或个人的有息本票。同时，银行法甚至规定银行只能收受本票，不得收取钢锭等实物。银行常觉得自身的负债大于其现金资产，但超过的部分其实都是由现金以外的其他资产来平衡。这种其他资产多是商人的负债；而这类负债，反过来又由商人的资产来支撑。若将这条负债和资产链追源到底，将发现银行负债的最终基础是世界上可见的有形财富。

1　指未做抵押或留置，可以自由处理。

整个信用结构的最后基石虽目不能见，但它确实存在。某种意义上，我们可以说，是银行业务让此类可见的有形财富得以流通。如地主的地产或火炉经销商的铁炉，不能像金元一样实际流通，但地主或火炉商可将其本票交给银行，而银行家则以此本票作为发行银行券或增加存款的基础；此时，这类银行券及存款将如金元一般在外流通。通过银行业务，那些拥有不易交换的财富的人，就可以创造一种基于那类财富的流通媒介。他们只需要把本票付予银行——当然，其财产要为此负偿付责任，来换取提款权利；于是，不易交换的财富，就变成了流动通货。粗略地说，银行是一个将土地、铁炉以及其他原本不可普遍交换的财富改铸成金元的装置。

起初，我们认为银行本质上是一种合作企业，为储户提供便利，同时牺牲了储户的利益。但只要银行业务发展至给企业 X、Y、Z 提供按时归还的贷款，同时承担随时支付的义务，这就得承担 X、Y、Z 到期不还款的风险，而这些风险储户并不愿承担。为适应这一情况，经营银行的责任和费用，将由第三者——银行股东承担；股东因有获利的机会，遂愿意承担风险。股东为保证储户不受损失，也投入自己的一些现金。事实上，股东的目标是在弥补储户的损失的同时，能够靠有息贷款获利。假如股东向银行注资 5 万元，其中 4 万元是黄金，另外 1 万元用于购买银行大楼，则该银行的资产负债情形如下：

资 产		负 债	
黄金	140 000元	应付储户	150 000元
贷款	100 000元	应付银行券持有者	50 000元
银行大楼	10 000元	应付股东	50 000元
	250 000元		250 000元

上表所列内容，包括一般的现代银行——即所谓"存款、贷款与贴现银行"的主要业务。

三、银行业务的限制

我们已经看到，银行资产必须能支付负债。现在我们还应注意到，这些资产的形式还必须能保证"立即"支付负债。由于银行的业务就是用易于交换的财产（现金或信用）去替代储户的"较慢"财产，故当银行持有的现金不足时，其目的就无法达成。然而，银行的利润，部分是来自对快财产[1]进行定向投资（tie up）[2]，也就是将这些资金贷给那些不容易获得资金的地方。因此，就银行政策而言，其关键就在于既要有足够多的快财产做这类贷款，同时又得确保数量不能多到把自己都给套住（get tied up）。如果不

---

1 Quick property，此处指流通速度快、易于交换的财产，即货币和信用。
2 指的是进行专项投资，使财产没法挪作他用。

是这样，银行可能会无限制增加贷款与其存款或资本的比例。如果真是这样，存款通货将无限膨胀。

但事实上，由于审慎以及健全的经济政策，这种膨胀会受到限制。无清偿能力和现金不足都应该避免。无清偿能力是指，负债多到资本不足以支撑它的情况。现金不足是指负债相对于现金扩张过度的情况。当银行资产不足以支付其负债（不包括对股东的负债），以致无力偿还债务时，就说明银行无清偿能力了。而当银行的资产总值足以与其债务相等，但手头的现金不足以满足即时需要，以致无力即时偿还债务时，就是现金不足。

银行股东权益价值与其对外负债价值的比率越小，无清偿能力的风险越大；银行现金与即期负债的比率越小，现金不足的风险越大。换句话说，避免无清偿能力的主要保障，是拥有大量资本和盈余；而防止现金不足的主要保障，是拥有大量的现金准备（准备金）。无清偿能力，任何企业都可能遭遇；但现金不足主要出现在银行，尤其与银行券和存款的兑现有关。

我们仅就现金不足试举一例。如前图所示，银行拥有的现金准备为14万元，而其即期负债（存款及银行券）共计20万元。此时，银行经理可能觉得这14万元的资金过多，或贷款太少。于是，银行可能增加（提供给顾客的）贷款（一部分以现金形式，部分以存款形式），以使其现金准备减至例如4万元，而对其储户及银行券持有者的负债增至30万元。若此时有些储户或银行券持有者要求提取5万元现金，银行就没法立即支付。但尽管如此，银行的资产与负债相等仍为事实。在这5万元背后，自有足够价值的财产作为支持；然而根据协定，银行必须立即向储户与银行券持有者支付5万元货币。此时，倘若存款合约上无明文规定，那么银行支付的方式不外乎两种：1.将他从债务人那收受的本票转移给债权人；2.请求提款顾客等其成功将这些有价证券兑换成现金后再支付给他们。

由于银行不能采用上述任一方式应付顾客，故当现金不足的情况迫近时，银行就试图要求偿还若干贷款以阻止情况发生；若无贷款可催还，则以出售证券或其他财产的方式换取现金。但不幸的是，银行在急切间能够获得的现金有限。任何一家银行，只要同时取款的储户及银行券持有者比例够大，它就没法避免倒闭。储户询问银行是否有现金支付其存款的情况，很好地说明了银行挤兑的悖论。储户会说："如果你能够兑付，我就不想取；但如果你不能兑付，我就一定要取出来。"1907年华尔街发生的金融恐慌，情况就是如此。当时，所有储户都在同一时间想要确定其货币"真在那里"。然而，储户的货币不可能同时存在那里。

由此可见，现金不足实在令人苦恼——当它已经发生，就很难消除；当它行将发生，又很难预防。银行必须适度调节其放贷和发行银行券的数量，使自身保有足够的现金准备，免受现金不足的威胁。银行调节准备金的方式有多种。比如，要增加准备金相对（负债的）数量，它可以在贴现[1]上更吝啬——通过提高贴现利率[2]来阻止潜在的借款人，通过断然拒绝贷款甚至拒绝续签旧贷款，或者要求还清可催还的贷款。反之，要减少准备金相对（负债的）数量，它可以在贴现上更慷慨——通过降低贴现率来吸引借款人。如果放出的贷款占手头现金的比例越大，利润就越多，但其遭遇现金不足的风险也越大。

长期来看，银行可用调整贷款利率为手段，以保有必需的准备金。如果银行放出的贷款较少，且有大量准备金足以支撑更多放款，那么银行可以降低贷款利率以扩大贷款规模。反之，如果过银行放款数量过大，且担心对其准备金提现的需求甚大，那么银行将提高利率以紧缩贷款。由此可见，银行是以提高或降低利率的方式，以使其贷款总额不超过其准备金所能支持的数量；但为追求利润，银行势必会努力使贷款总额尽量接近其准备金所能支持的数量。

如果储户存款占总负债[3]的比重大，这时候银行的准备金也应是同比重的大，不然少数储户就可以立即将这部分准备金扫数提

1　指商业汇票贴现，即商业汇票的持票人在汇票到期日前为了取得资金而将票据转让给银行的行为。它既是一种票据转让行为，又是银行的一种授信方式。收款人（即持票人）在需要资金时，将未到期的承兑汇票，以贴付自贴现日至票据到期日的利息为条件，经过背书后，将汇率转让给银行，银行将票面金额扣除贴现利息后的余额付给收款人使用。

2　指远期汇票经承兑后，汇票持有人在汇票尚未到期前在贴现市场上转让，受让人用来计算所要扣除的贴现息的利率。或银行购买未到期票据时，用来计算贴现息的利率。贴现息＝票据到期值×贴现利率×贴现期，也就是说贴现利率越高，银行扣除的贴现息越多。

3　此处总负债应指银行的负债总和，包括存款负债、借款负债和银行自有资金。

取。故在银行业务活动较多的大城市中，银行准备金与其即期负债之比，当较银行业务交易较少的小城镇为高。对此并没有绝对的数量规则可用，但由法律规定的武断规则却常有。例如依照规定，美国银行提取的准备金占存款的比重从12.5%到25%不等，具体数值取决于它是州银行还是国民银行，也取决于它的地理位置。而刚被提议成立的联邦储备银行将完全是银行的银行，其准备金的比重要更高。从国家整体来看，银行准备金大概占存款的五分之一。这些准备金皆为保护存款而设。而对于国民银行发行的银行券，保护的方式则不同。没错，银行券与银行存款遵循的是一样的经济原理，但其法律待遇则有别。政府自己选择承担随时兑现国民银行银行券的责任，并要求国民银行承担一些义务——将赎回基金和政府债券存入政府[1]。同样的原理也适用于新的联邦储备券。

如前所述，银行的现金准备尽管是货币，但严格来说并不是流通货币。原因是持有这些准备金并不是为了购买物品，而是为了赎回另一种通货——存款。因此，任何社会中的货币都分成两个主要部分：流通中的货币和银行里的货币。在美国，这两部分货币数量基本相等，都是15亿美元左右。[2]

1　即财政部。

2　在美国，还有第三种货币存量——存在国库里面的货币，这部分数量最少，总计0.33亿美元。在其他国家，政府货币通常几乎全部存入银行。——作者

四、通货总量及其流通

由上述银行业务研究可知，银行通货实有两种：一种是银行券，属于货币；另一种是存款，虽不属于货币，但确为货币的绝佳替代品。将这两类归到更大的范畴"物品"后，我们就能将物品分成三类：1. 真正的货币；2. 提款的权利（存款）；3. 所有其他物品。因此，就有六种交换类型：1. 以货币换取货币；2. 以存款换取存款；3. 以物品换取物品；4. 以货币换取存款；5. 以货币换取物品；6. 以存款换取物品。

对我们的目的而言，只有最后两种交换是重要的，因为这两种交换构成所谓流通媒介的流通。至于其他四种，第一和第三种分别是货币交换和物物交换。第二和第四种均为银行业务交易：第二种交易的例子有以汇票换支票以及银行清算中涉及的相互抵消；第四类就是通过存入现金和兑现支票来存取货币的操作。

对银行资产负债表的分析为我们将银行存款或流通信用纳入交易方程式做好了准备。我们仍以 M 代表实际货币数量，以 V 代表其流通速度。同理，我们再以 M' 代表支票存款总额，并以 V' 代表其平均流通速度。于是，在一年内购买的总值不能再用 MV 表示，而应改用 MV 加 $M'V'$ 来表示。故前述交易方程式应为：

$$MV + M'V' = \Sigma pQ = PT$$

图4

让我们再次用机械图表示交易方程式。在图4中，交易量跟以前一样，以右方有各种物品组成的重物表示；至于其平均价格，则为支点至右端该重物悬挂处的距离（力臂）。在支点的左方，货币（M）以钱包形式的重物表示，其流通速度（V）则以钱包至支点的距离表示；但图中加悬一银行存折以代表银行存款（M'），而其流通速度（V'）则以支点至存折悬挂处的距离（力臂）表示。

这一机械原理让事实清楚明了：平均价格（右方距离）随货币或银行存款，以及两者的流通速度的增加而上涨，随交易量的增加而下跌。

再就方程式左边（$MV+M'V'$）观察，可知一个社会中如无银行存款，方程式左边将简化为MV，方程式的形态就如第二章所示。银行存款（M'）的引入，必使物价上涨，即左边挂上存折，必然要求右边（重物至支点的）距离加长。

五、存款通货通常与货币成比例

货币流通方程式加入存款流通后（即方程式扩展后），货币数量对一般价格水平的影响就变得没以前直接；而追溯这种影响的过程也变得困难和复杂。有人甚至认为，流通信用的介入会完全切断任何可能存在于物价与货币数量间的关系。当然，如果流通信用完全脱离货币存在，这种说法就是正确的。但事实上，流通信用的数量 M' 通常与货币的流通数量 M 保持一固定关系，即存款通常是货币的一个近乎固定的倍数。

有两个事实使存款与货币保持一近乎固定的比率：一是银行准备金与银行存款保持一个近乎固定的比率，前面已经谈到；二是个人、企业在现金交易与支票交易间，以及在货币余额与存款余额间，都保持了近乎固定的比率。比率的高低，取决于每个个体出于方便角度的考虑与习惯。一般而言，企业用现金支付工资，并进行在小额现金项目下的各类零星交易；而企业间的结算则常用支票。这些偏好非常强烈，我们自然认为这是普遍的做法，尽管可能存在暂时的、小范围的例外。企业不至于用支票支付车费，以现金清偿巨额负债。每个人在对上述两种支付的使用中找到一种平衡，除极短期的例外，很少打破这一平衡。个人手头持有的货币量与银行余额，将随着其用货币支付或支票支付的用度而不断调整。若当其持有的货币较少而银行余额较大时，他就会用支票提现。若情况相反，他就会（往银行）存入现金。通过这种方式，他时常将其中一种交换媒介转换成另一种。个人通常是从银行账户中取出存款，充实他的钱包；零售商则往往是从收银台取出钱，存入银行；而银行则充当个人和零售商的中介。

货币与支票各有各的领域，同时在任何给定时间两者又维持了一种相当明确的关系。这里面有另一个原因，那就是，一般来说，使用货币和使用支票的是两个不同的阶级。工薪阶层大多只用货币，而专业人士阶层、有产阶级和"法人"（即公司、合伙企业等）使用的大多是支票。美国现在[1]可能有超过一半的家庭不使用支票。

任何一个个体，其口袋里的现金与银行存款之间的调整，通常都很粗略。有的人现金与存款相比可能太少，有的人可能太多。但从社会整体来看，现金与存款调整非常精准。这是因为，几万个个体一时的离群行为所造成的后果通常能几乎完全互相抵消。

在某一社会中，存款通货跟货币的数量关系取决于几个便利的考虑：第一，一个社会的商业越发达，支票的使用就越流行（普遍）。在商业规模大的地方，商人的习惯是较大的交易用支票，较小的交易用现金。第二，人口越集中，支票的使用就越流行。在城市，无论是付款还是收款，大额支付用支票都更为方便；而在农村，往来银行过于费时费力，用支票很不方便，因此，货币占成交金额的比重，在农村要比在城市大。

由此可知，支票流通与现金流通之间的确存在一种便利和习惯关系；而平均来看，个人或公司的存款余额与其所存货币（现

---

1 1914年。

金）之间，则存在一种几近稳定的比率。将这一事实推至全国，可知在 M 于 M' 之间会依便利程度而存在一大致固定的比率。若这一比率遭临时扰动，则必有一趋势使之恢复。个人会存入多余的现金或取出多余的存款。

因此，无论流通货币（如上所述）还是作为准备金的货币（如先前所述），他们都趋于与存款保持一固定比率。而据此推论，上述二者间必有一近乎确定的比率存在，虽然该比率有一定弹性。

六、总 结

本章所述内容可简单归纳如下：

1. 银行提供两种通货：（1）银行券——属于货币；（2）银行存款（提款权）——非货币。

2. 银行支票只是一项代表提款权利的凭证。

3. 为储户和银行券持有人的权利做支撑的，不仅有银行的现金准备，还包括银行的全部资产。

4. 存款业务只是一种手段，借此手段，那些无法直接流通的财富，得以作为提款权流通的基础。

5. 这种流通的提款权或存款的基础，必须包括一部分实际货币，也应包括一部分能轻易转换为货币的速动资产。

6. 在货币、存款与其他物品间，存在六种不同的交换类型。而在这六种类型中，只有以货币换取物品、以存款换取物品这两种对我们目前的研究最为重要。

7. 在纳入银行存款后，货币流通方程式被扩充为：

$$MV + M'V' = \Sigma pQ = PT$$

8. 银行存款（M'）跟银行准备、货币数量（M）都趋于一种正常的比率。有两个原因：（1）要支撑银行存款，现金准备是必要的。这就意味着，现金准备跟银行存款间必须有某个或高或低的固定比率。（2）商业的方便程度，决定了流通媒介或通货将在存款和货币之间以一种或多或少确定（但有弹性）的比率分配。

第五章
过渡时期：危机与萧条

一、物价上涨

如今我们可以开始研究交易方程式中几个量的临时性或过渡性变化。假定有一轻微的初始干扰，譬如由货币数量增加所引起的干扰。通过交易方程式，这种干扰将导致物价上涨。随着物价上涨，用货币衡量的商人利润也将上涨。即使物品的成本以相同的比例增加，结果也是如此。因此，如果一个人过去以10 000元的价格卖了成本6 000元的物品，他可以净赚4 000元；如今物品价格和成本都翻倍，利润也将翻倍，也就是20 000 – 12 000 = 8 000元。当然，利润的这种上涨纯粹是名义上的，因为它只是单纯地随物价水平上涨而上涨。商人并没有捞得什么好处，因为现在的利润虽然多，但他能买的东西并不比之前的利润能买的多。

但事实上，商人的利润往往超过这个数。因为许多费用还是跟以前一样。特别是支付给债主的贷款利息、支付给房东的房租、支付给雇员的工资和薪水，将有一段时间不受或少受一般价格水平上涨的影响。结果，他会发现他赚的利润比平常要多，因而增加借款，拓展其业务。此类借款多是从银行借出的短期贷款，而如前所述，贷款会产生存款。因此，存款通货（M'）会增加。但存款通货的这种增加又往往造成一般价格水平的进一步上升，情况跟过去黄金增加使物价上涨无异。物价的这种进一步上涨，使得本来就获利更多的借款人再获得更多的利润。这么一来，之前已受刺激的借贷活动，就受到进一步的刺激。贷款需求增加，以及随之而来的银行贷款的膨胀，之前已增加的存款通货（M'）将进一步膨胀。因此，物价又再进一步上涨。

这一连串事件可简述如下：

1. 物价上涨（无论起因是什么，姑且以流通货币数量的增加为例来说明）。

2. 企业家——各种企业的创立者或经营者——得以在费用开支（利息、租金、工资等）增加不多的情况下，将产品卖出比以前高得多的价格，并因此得到多得多的利润。

3. 企业家还是借款人，他会受巨额利润驱动，增加借款。

4. 存款通货（M'）相对货币（M）而言膨胀了[1]。

5. 由于存款通货（M'）的膨胀，物价继续上涨，情况1再次出现，然后2、3、4、5等再次相继出现，如此循环下去。

换句话说，一开始物价的轻微上涨，触发了一连串事件，且还有重复出现的倾向。物价上涨导致物价的再次上涨，且只要企

---

[1] 即存款通货与货币的比率增大。

业家的利润一直还是异常高的话，这种情况就将继续持续下去，循环不已。

二、物价上涨在危机中达到顶峰

存款通货以前述循环累积的方式膨胀，将不正常地增加 M' 对 M 的比率。但是，M 增加所引起的干扰，还不只这一比率的变动；T、V 和 V' 在某种程度上也受到干扰。尤其是贸易 $T^{[1]}$，刺激贷款[2]就能促进贸易。新建筑在建造，新机器在制造，这些在价格上涨期间都可以看到；这个时候人们明显觉得"生意很好"，"这个时代很繁荣"。但这种看法只能代表一般企业家借款人的意见，不能代表债权人、工薪或劳工阶层的观点，因为后者中有沉默的大多数都在长期受苦——付出了更高的价格，却得不到相应的更高收入。

这种单方面的扩张无法永远持续下去。它最终必然要消耗自身。未经调整的要素最终会大幅度地自我调整。房东一有机会就提高房租。雇员要求加薪，且往往用罢工来实现这个目的。债权人提高利率。整个形势都改变了。银行被迫自卫，拒绝贷款（或者增加更苛刻的条件来阻止贷款），因为银行不能允许贷款与准备金的比例这么不正常地增大。允许这么扩张下去，不仅违法，还

1　在《货币的购买力》中也有同样的内容，其中补充说 T 就是 Q，也就是交易量。

2　在《货币的购买力》中，费雪写的是"放松贷款"。

可能令银行破产。这时，借款人就不能再希望获得巨大利润，贷款也就停止扩张。

如今，靠借贷开办的企业，预计将通过续贷来继续发展。但随着贷款难以获得，很多人就没法按原先条件或原先金额续贷了。因此，那些无法背负新债和那些没有新债可负但又无法偿还旧债的人，注定会资不抵债并破产。许多储户看到向银行大量借款的企业破产（或有破产的迹象），就担心银行无法收回给企业的贷款。于是，银行本身就受到怀疑，他们的储户就强烈要求兑取现金。然后，在银行最需要满足兑现需求的时候，挤兑出现，并耗尽银行的现金准备。现金准备一短缺，银行就不得不缩减贷款。续贷变得困难或不可能，甚至原贷款都要被要求还清。受此波及的企业，必须有足够的货币或信用（存款）来清偿债务，要不然有些就注定要破产，而随着这些企业的破产，借贷需求相应就降低了。

物价上涨运动的顶峰状态，就是一场危机。它的特征是破产，原因是在最需要现金的时候和地方，现金缺乏。

破产往往还会蔓延。因为当一个人没法还钱给债权人，就轮到债权人很难偿还自身的债务。这样一来，一家公司的倒闭便可能接连传到其他许多公司，就像一排砖头中的一块可能撞倒整排砖头一样。

三、完整的信用周期

危机过后，不良反应就来了。银行贷款不断变小，存款（M'）因而减少。存款通货的紧缩，又使物价进一步下跌。此时，原为购买存货而借款的人，如今发现销售这类存货的收入，甚至不足以偿付其借款。这时接连发生的事件，跟之前的完全相反：

1. 物价下跌。

2. 企业生产的产品只能卖出比以前低得多的价格，但成本（利息、租金、薪水等）却没有降低很多，因此利润大减。

3. 作为借款人的企业家因利润少而气馁，紧缩借款。

4. 相对于货币（M），存款通货（M'）收缩了[1]。

5. 由于存款通货（M'）收缩，物价继续下跌，也就是说，情况1再次出现，然后2、3、4、5等再次相继出现，如此循环下去。

因此，物价下跌引起物价的进一步下跌。只要企业家的利润很低，这个周期（循环）就会重复出现。其中损失最大的是负债的商人。他们如今抱怨说"生意很差"。这就是"商业萧条"。

一旦贷款变得更容易获得，这种（存款通货的不断）收缩就会自我限制。银行为了处理掉手头积累的准备金，就会让贷款更容易。一段时间之后，情况开始恢复正常。最弱的生产者被压垮，或至少无法通过贷款来扩展业务。而最强的企业家，将建立新的信贷结构。借款人又再度愿意尝试冒险；遭受失败的数量减少；

1　即存款通货与货币的比率降低。

银行贷款也不再下降；物价停止下跌；借钱和做生意变得有利可图；贷款需求再度增加；物价再度开始上涨，这时，前述上行运动的循环再度出现。

这种上行和下行运动一起，就构成了一个完整的信用周期，这与钟摆的左右摇摆极为相似。

这样的历史案例有很多。19世纪中叶，人们在加利福尼亚发现了黄金，随后就出现了世界性的通货膨胀——先是通过新发现的黄金，然后是通过存款通货的膨胀。物价飞速上涨；商人赚取丰厚利润。这样的好日子持续到了1857年——那一年，美国和欧洲出现危机。随后依次出现物价大跌，商业萧条，经济复苏，然后又是通胀，并一直持续到1866年再次爆发新一轮危机。随后钟摆回摆，一直到1873年再次出现危机。最近的一个例子是在1896年开始的黄金通货膨胀，那是德兰士瓦[1]、克里普尔克里克[2]和克朗代克[3]大量生产黄金的结果。美国在11年内（1896—1907年）流通货币翻了一倍，支票存款几乎是原来的3倍，而物价上涨一半。"繁荣"（即站在企业家的角度看，做生意有利可图）一开始看起来似乎会永远持续下去。但在1907年的危机中，繁荣的泡沫破灭。第二年存款收缩、物价下降，随后几年逐渐恢复。然后新的周期又开始了，繁荣又一次离我们而去，尽管事情还没发展到严重危

1　Transvaal，位于南非北部，当时属于德兰士瓦共和国。

2　Cripple Creek，位于美国科罗拉多州。

3　Klondike，位于加拿大西北部的一座城市，因1896—1897年的"克朗代克淘金热"闻名于世。

机的地步。1913年的信贷冲击比1907年的要温和得多，而且显然我们将很快进入另一个扩张时期。

　　我们已讨论了物价上涨、到达顶点、下跌又恢复的情况。大多数情况下，商业钟摆来回摆动一次，约为10年。虽然此钟摆在不断寻求一个稳定的位置，但实际上往往会有一些事件发生，阻碍了完全均衡的实现。尽管波动本身有自我校正的倾向，但由于新的干扰，它还是会一直存在。这种起伏波动就像船在波涛汹涌的海上所经历的一样。一只在平静海面行驶的船只，它在靠岸之前仅有一段时间上下颠簸，但如果行驶在波涛起伏的海面，这种颠簸将永不停息。虽然船只会不断寻求平衡，但它本身也会不断遭遇加强其起伏颠簸的因素。

四、高利率作为保障

　　上述物价概述只是给出了价格周期的基本特征。具体到实际情况，就会有大量特殊因素牵涉其中。对该主题细节的进一步探讨，将使我们偏离本书主要目的。对于这部分细节，读者可参考韦斯利·米切尔的巨著《经济周期》。

　　在离开这个主题之前，我将借这个机会对之前讲的利率再作一点补充，因为利率在信用周期中起了核心作用，而这一点通常不为人所知。大多数人希望利率永远低，而在危机时期利率很高，他们就指责银行提高利率。但通常真正应该批判的是：银行未能尽早加息来预防危机。

物价上涨时，利率往往或应该很高。相反，当物价下跌时，利率往往或应该很低。例如，假设物价以每年1%的速度上涨。那么，今天借出的100美元的购买力，并不等于明年要偿还的100美元，而是等于明年要偿还的101美元。因此，贷款人若只拿回他的100美元本金，就没有获得与其借出的100美元一样多的购买力，借款人则没有偿还跟其所借的100美元一样多的购买力。换句话说，当年物价上涨，会让借款人的生活更轻松，贷款人的生活更艰难。南北战争期间，美国联邦政府发行绿背纸币导致通货膨胀，第一个结果是物价上涨，第二个结果是，那些用西部农场做抵押的人发现现在偿还贷款更轻松了。正如他们说的，用农场作抵押的贷款"如烟一般消失"。1864年用5 000美元偿还1860年借来的5 000美元，前者的购买力其实只有后者的一半，因为物价已经翻了一倍。通货膨胀免除了借款人一半的债务。因此，我们看到，当价格上涨时，债务的本金越来越不值钱。如果物价每年涨1%，即如果债务的本金用物品表示，每年减少1%，那么贷款利率必须每年增加1%，才能保证借款人承受的负担跟物价没涨时一样。如果物价每年上涨2%，那利率就得增加2%，才能抵消物价上涨的影响；其他物价涨幅也以此类推。反过来，如果物价下跌，利率就应该下降，以抵消贷款本金增值的影响。

如果人有完美的预见能力，那么这种利率上的理想补偿是可以实现的。事实上，这种近乎实现理想补偿的调整真的出现过。

一份关于美国、英国、德国、法国、中国、日本和印度的物价涨跌统计研究表明，一般而言，物价上涨，利率就高；物价下跌，利率就低。虽然利率在过渡时期进行了部分调整，但调整并不充分。基本事实仍然是，在物价下跌期间，债务负担加重，而在物价上涨期间，债务负担减轻。倘若利率的调整适当且及时，危机就会少一些，也不会那么严重。

那么，我们该如何让利率调整得更好呢？第一种方法是尽可能避免价格水平出现这样的变化——让美元标准化。这可能需要很长时间。第二种方法是让商人变得更关注未来，能够更快地预测物价的变化。这方面的教育贸易期刊正在做。

第三种方法是消除对提高利率的现有偏见。我们仍然沿袭了旧的观念，认为利息就是高利贷或抢劫。如果我们能够摆脱对利率升高或降低的偏见，也就是说，能认为利率会适度波动，是一种市场价格，像其他价格一样每天都在变化，那么我们就向防止危机迈出了很大一步。

第四种方法是令信贷更具弹性。这将通过新的通货法[1]实现。迄今美国银行都允许过低的贷款利率并因此过度放贷，可是当达到法定准备金限制时（比如在危机时）又突然停止放贷。而新法令将提供一种弹性限制，来取代这种突然的僵硬限制。银行可以通过向联邦储备银行再贴现他的一些贷款来获得可贷资金。通过这种方式，银行能够一直向客户提供贷款，尽管这时候利率要更

1　指1913年通过的《联邦储备法》。

高。一个财务状况良好的商人有权期望银行在任何时候都向他提供必要的贷款，只要他能够并将满足市场要求的条件。到目前为止，不管什么时候或以什么条件，他都无法保证他能够获得贷款。而新的法规，应该会大大降低危机的危险和严重程度。

第六章
对物价的间接影响

一、生产和消费状况对贸易进而对物价的影响

到目前为止，我们认为，物价水平受交易量、货币和存款的流通速度、货币和存款的数量影响。但其实这些只是对物价水平的直接影响。任何其他因素要对物价产生影响，都必须通过这五个因素。这类（在交易方程式之外的）其他因素为数极多。在上一章，我们已经讨论了利率变化或缺乏变化在过渡期间对物价的影响。本章则主要讨论始终影响交易方程式的因素的一些外部影响因素[1]。

我们将首先考虑影响交易量进而影响物价水平的外部因素，其中最重要的分类如下：

1. 影响生产者的因素[2]

（1）自然资源的地域差异。

1　即影响物价的间接因素或远因。

2　Condition，也可译为"情况""状况"。

（2）劳动分工。

（3）生产技术相关知识。

（4）资本的积累。

2. 影响消费者的因素

（1）人类需求[1]的大小和多样性。

3. 连接生产者和消费者的因素

（1）交通便利。

（2）贸易的相对自由程度。

（3）货币制度与银行体系的特点。

（4）商业信任。

其中许多因素促进了贸易，这非常明显且众所周知，无须再解释。显然，地球上某些地区生产小麦，另外一些生产香料，还有一些生产毛皮，这往往会促使这些地区之间的贸易流动；同理，有的群体投身农业，有的织布，还有的从事建筑，等等，这也会使这些群体之间发生交易。同样明显的是，生产资料和生产方法的知识状态会刺激贸易。例如，由于土著的无知，非洲和澳大利亚的矿产几个世纪一直埋在地里，没有被利用起来，但后来被拥有冶金知识的白人开采了。另一方面，有用的知识显然需要被应用，而应用往往又需要资本的帮助。不管在哪个社会，资本越多、资本的生产力越高，可用于交易的物品就越多。一家工厂使一个城镇成为贸易中心。码头、起重机、仓库和铁路枢纽能推动港湾

---

1 Want，也可译为"欲望"。

变成通商口岸。

由于交易量的增加往往会使一般价格水平下降，因而任一可使交易量增加的因素，往往都会使一般价格水平下降。据此，我们可得出结论：地区与个人专业化程度加深、生产技术的改进、资本的积累，都是容易导致物价下跌的因素。

几乎同样明显的还有人类需求的大小和多样性与交易量的关系。需求一直是经济活动的主要动力，并使整个经济世界运转不息。那种想穿得和别人一样好或更好或穿得与别人不同的欲望，使得丝、缎、蕾丝等制品层出不穷。同样的道理也可以用在家具、娱乐活动、书籍、艺术作品，以及其他任一能满足欲望的手段上。

需求增长一旦到了导致交易量增长的程度，就往往会导致物价水平下降。

第三组因素是那些连接生产者与消费者的因素，它们影响了贸易，进而影响了物价。

如麦考利所言，除字母和印刷术外，没有什么发明对文化变更的影响程度，比得上那些缩短距离的发明——如铁路、轮船、电话、电报以及传播信息与广告的报纸等。因此，这些发明往往会导致物价下跌。

至于贸易壁垒，不只是物理上的，还有法律上的。国与国之间的关税对贸易减少的影响，跟一条山脉分隔两地的影响是一样的。贸易越自由，交易量越大。在法国，许多地方在当地收商品入市税，阻碍了当地的贸易。美国自己国内的贸易的确自由，但美国对外国则有较高的保护关税。交通便利的增进，地理上的壁垒降低或消除，激起各国及各地方改用法律上的壁垒。关税不仅降低了交易的频率，还使国家间或地区间的分工受阻，各国的生产更相似，生产力也都较弱，还减少了可供交换的物品数量。最终，物价也会因此而上涨。这里说的是一般价格水平上涨。除了这种普遍影响，还有一些特定影响，也就是对那些被征收关税的商品的影响。不过这跟本书主题无关，不再赘述。

另一种对贸易的限制是垄断或联合的贸易限制。显然，它们与其他减少商品出售量的因素一样，往往会提高一般价格水平。

有效的货币制度和银行体系的发展会有很多影响，增加贸易便是其中之一。历史上曾经有几次货币处于非常不稳定的状态，以至于当时许多贸易合约人们不愿签，因为他们不知道履行合约时他们需要付出多少。同理，当银行不稳定或信不过时，他们也会犹豫要不要从事大量的贸易。

对银行要有信任，对一般商业往来也要有信任，可以说，信任是贸易的灵魂。南美有很多地方尚未开发，原因很简单，就是资本家觉得在那合同没保障。他们担心，他们的任何开发成果，都会被他人不择手段地夺走。

由此可知，物价往往因交易量的增加而下跌，而交易量的增加，又是由交通改善、贸易自由增加、货币制度和银行体系改进，以及商业信任带来的。

二、个人习惯对流通速度进而对物价的影响

在讨论了方程式以外影响交易量的因素之后，我们的下一个任务是考察方程式以外影响货币和存款流通速度的因素。对其中一种流通速度有影响的因素，大都对另外一种流通速度有影响。这些因素分类如下：

1. 个人习惯

（1）贮藏。

（2）对借贷资金记账。

（3）支票使用。

2. 社会的支付制度

（1）收入与支出的频率。

（2）收入与支出的规律性。

（3）收入与支出一致[1]。

3. 一般因素

（1）人口密度。

（2）交通运输速度。

按照顺序，我们先考虑贮藏对流通速度的影响。货币的流通速度就是它的周转次数，由一年内的货币支付总额除以当年流通货币的平均数量得出。它其实就是组成社会的个人的周转次数平均数。对于每个个体来说，如果给定一年中手头现金的平均数量，

---

1 即收入与支出在时间上同时，在数额上相等。

那么他一年支出的货币越多，他的货币流通速度或周转次数就越大；而如果给定他的年支出总额，那么他手头现金的平均数量越少，他的货币流通速度或周转次数就越大。假如一个人口袋里平均有10美元，每年要花500美元，那么，每年他口袋里的平均货币数量（10美元）要周转（转手）50次。而如果支出总额一样（500美元），如果他更节俭，手头常有现金20美元，那么他持有的现金只周转25次。

有些人由于习惯，手头经常没钱（现金）或缺钱，这些人的现金周转次数可能很高。而如果人们像过去法国人一样，常常将钱放在长袜内，动逾数月，此时流通速度就极慢。存款也是同样的道理。

有人称货币一旦被贮藏，就是从流通中退出（不在市面流通）。不过，这实际上就是说贮藏降低了流通速度，只不过是换种说法而已。货币贮藏在袜子或保险箱里，跟放钱包里携带只有程度上的区别。跟放钱包相比，放在袜子或保险箱里的时间要更长。不管哪种情况，货币都可以说在流通，只不过是说，贮藏的货币流通要慢很多。停止贮藏显然会提高价格水平，因为不再贮藏可以提高货币的流通速度。未来几代人的时间里，东方人会把他们贮藏的巨额宝藏投入活跃的流通之中，而物价上涨肯定是大势所趋。当西方人的习惯最终被普遍接受时，物价上涨就一定会发生。

赊账[1]（即使用记账信用）的习惯，往往会增加货币的流通速

1　Charge，指暂记一笔账，货款后付。

度，因为以赊账方式购物，手头上的现金就不用跟全用现金支付一样多。每天都用现金支付的人需要保留现金以备不时之需。不像记账信用制度，现金支付制度要求在购买前手头就得持有现金。既然是事前持有，那么其所需货币数量必然多于仅用于清偿过去债务所需要的。在现金支付制度下，一个人事先得有闲钱，以免在最需要现金时缺乏现金而陷入尴尬境地。而如果是采用记账信用方式，则个人即使身无分文，还可以靠赊账获得供给，然后等手头有钱再还。一拿到钱，他们就必须支付累积的债务。比如，一个工人每周的收入与支出都是7元，如果不能赊账，他就必须用他的周薪撑过7天。如果他每天花1元，则其全周各日可支配余额依次至少为7元、6元、5元、4元、3元、2元、1元，并在最后一日又收入另一个7元。这使得平均余额为4元。但如果这名工人可以赊账方式购买各种物品，等获得周薪时再还清债务，那么他整一周都无须持有余额，只需等拿到周薪时还清7元欠款即可。此时，这名工人整个周期每天的余额只需依次为7元、0元、0元、0元、0元、0元、0元即可，[1]平均余额仅为1元，而其周转次数将为7次每周（=7÷1）。

　　在使用方面跟记账信用类似的，是任何形式的贷款。在高度组织化的贸易中心（例如纽约证券交易所或纽约农产品交易所），为了在无须持有大量现金或支票存款的情况下进行大量的商业交易，信用被扩张到极端程度。信用可以通过贷款扩张，或通过小

1　这个周期以7元开头，意味着这7元钱用来偿还上一周的赊账。

额付款（保证金）购买或其他方式扩张。所有这些贷款信用的扩张往往都会增加货币和存款的流通速度。

因此，通过记账信用或贷款，每个人为应付特定支出而持有的货币或银行存款的平均数额就少了。这意味着周转次数增加了，因为如果人们的开销跟以前一样，但手头的钱却比以前少，那么支出金额除以手头持有金额的商必变大。

使用支票而非货币的习惯也会影响流通速度，因为储户的多余现金就不会贮藏起来，而是很可能存入银行，换取以支票提现的权利。

因此，银行为口袋或钱柜里多余的钱[1]提供出口，防止了贮藏货币被闲置。另一方面，多余的存款可以根据需要转换成现金，即兑换成现金。最终结果就是凡使用现金及存款者，皆可调节二者，使其免于闲置。

由此可见，上述三种习惯——带少量现金而不是贮藏起来的习惯[2]，赊账的习惯以及使用支票的习惯，都将通过影响货币或存款的流通速度而使物价上涨。

接下来考察支付制度（体系）对流通速度进而对物价的影响。

货币或支票的收入与支出次数越频繁，收入与支出平均相隔的时间[3]就越短，流通速度也就越快。

举个例子说明最好。例如工资的支付从每月支付改为每周支

1　即个人或企业多余的钱。

2　在《货币的购买力》中，费雪写的是"挥霍（spendthrift）的习惯"。

3　即平均时间间隔。

付，货币的流通速度往往会增加。如果一个工人每周获周薪7元，并每天使用1元，到每周最后一天全部用完，那么如前所见，他平均持有的现金将略多于7元的一半，约为4元。也就是说，该工人的周转次数接近一周两次。如果工资按月支付，则这名平均每天收支1元的工人在拿到工资后，势必将这30元几乎均匀地用于其后的30日。如果到了下次发工资那天，他的工资已全部用完，那么他该月的平均余额约为15元。这使得其周转次数约为每月两次。因此，周薪制度下的流通速度比月薪制度下的要快，当然了，前提是周薪没有干扰到其他影响流通速度的因素。如果按周支付导致现金支付代替记账信用，周转次数可能会减少而不是增加。

此外，如果一个工人对其收支相当有把握，那么通过精密计算，他可以准确调整收支，稳妥地使得每个支出周期结束时，刚好没有余钱。这种习惯在城市工人的某些阶层中极为普遍。反之，如果收入与支出无论在数额还是在时间上都无规律，则为谨慎起见，工人手头就必须持有较多货币，以应付各种可能之不幸。即使能准确预知收支，由于收入的不规律，手头平均也得持有较多的货币。因此，收入与支出的规律性，往往会增加流通速度。

下面我们考虑收入和支出一致的情况，即在获得收入之时支出。如果商家允许花钱者延期支付，那么这显然给花钱者带来了极大的便利。这种允诺可使花钱者不必持有过多货币或存款在身上，故而使其流通速度增加。诸如租金、利息、保险费以及税收等支出，其所发生的时间跟收入货币的时间不同，花钱者往往需要事先积累货币或存款，因而增加了手头持有的平均余额，且这些钱在一段时间内不予使用，最终降低了流通速度。[1]

因此，我们可以得出结论：收支的一致与规律，一如收支的频繁，往往会增加流通速度，从而使物价上涨。

我们现在考虑一般因素对流通速度进而对物价产生的影响。当地人口密度越大，流通速度就会越快，因为付款人与收款人的接触会更快。尽管没有这方面的统计数据，但货币在农村的流通速度必定比在城市慢。一个在城里和乡下都有房子的女士说，在乡下，钱在钱包里一放好几周，而在城市，只能放几天。皮埃尔·德埃萨斯已计算出许多欧洲城市银行存款的流通速度。在对其数据进行检查后发现，在几乎所有情况下，银行所在城镇越大，存款就越活跃。希腊银行的周转次数仅为4次每年，而法国银行则超过了100次每年。

此外，一般来说，交通运输覆盖范围越大，速度越快，货币的流通速度就越快。任何使货币更容易转手（即从一人转移到另一个人）的事情，往往都会增加流通速度。铁路就有这种功能。电报也会增加流通速度，因为它可以在几分钟之内将存款汇到几千公里以外。邮件和快递促进了银行存款与货币的转移，因此也能使其流通速度增加。

由此可得，人口密集和交通通信便捷也能增加流通速度，进

---

1 《货币的购买力》说："而如果个人愿意且能够借到钱，以支应税收或其他费用之需，并于方便时再还款，则上述情况可以避免。这种情况，就是前述银行透过存贷业务方便公众、增加流通速度的方式之一。同样，记账信用也可以避免因收支时间不调和所引起的不便。"

而提升物价水平。

三、影响存款数量进而影响物价的因素

最后，影响支票存款数量的外在因素还有：1. 银行系统以及人们利用这种制度的习惯；2. 赊账的习惯。

毋庸置疑，在存款还没影响价格甚至还不存在的时候，银行系统必定已被设计出来并有所发展。银行业务的发明无疑导致了存款的激增以及随之而来的物价上涨。尽管高效的货币和银行系统往往会增加交易量，从而在一定程度上降低物价水平，但事实是物价还是上涨了。像其他许多情况一样，在这里，改善货币和银行设施的影响是复杂的，影响了交易方程式中的多个因素。提价效应远比抑价效应大。未来支票存款的膨胀一定是让物价上涨的主要原因之一。

我们已经知道，赊账增加了货币流通速度。其实它还是增加支票存款数量的手段，即赊账往往是用支票支付（而不是现金支付）前必要的一步——如果顾客账上没有债务（没有赊账），他会用现金支付而不会用支票支付。因此，这种赊账的习惯，最终提高了支票与现金的支付比率、存款与货币的持有比率（M' 对 M 的比率），并因此增加了由一给定货币数量支撑的信用通货的数量。

以支票替代现金支付，可能是迄今为止赊账最重要的影响，并对物价上涨施加了强大的影响。

任何有助于增加银行存款的事物都会在某种程度上提高物价。因此，信用创造导致大量股票和债券发行，这些股票和债券跟构成信用的那些规模较小、鲜为人知的公司的股票和债券相比，更容易被银行接受并作为贷款的抵押物。结果就是更多的银行贷款，更多的存款，以及更高的价格水平。除了上面和之前提到的对一般价格水平的影响，信用还对用其买卖的特定商品的价格有更为明显和直接的影响。但这种影响跟我们讨论的主题无关。然而，我们可能会观察到，当信用提高特定商品价格时，并不能得出因此它们就会提高一般价格水平。除非信用扰动了 M、M'、V、V' 或 T，要不然没法对一般价格水平造成影响。因为在不干扰 M、M'、V、V' 或 T 的情况下，如交易方程式所示，一般价格水平也不会受干扰，而此时信用造成的特定物价上涨也必定会间接导致其他一些商品价格下跌到足以抵消上涨的影响。

第七章
对物价的间接影响（续）

一、"贸易差额"对货币数量进而对物价的影响

至今，我们已经讨论了交易方程式之外影响交易量（Q）、货币与存款的流通速度（V 和 V'）以及存款数量（M'）的各种因素。现在就剩下方程式之外的那些对货币数量（M）的影响因素还没探讨。

这类因素可以分为：1. 货币的输出和输入；2. 货币的熔化和铸造；3. 货币金属的生产与消费；4. 货币制度和银行体系。

首先要考虑的是对外贸易对一国货币数量进而对物价水平产生的影响。迄今为止我们对物价水平的探讨，都仅限于以一孤立社会作为探讨对象，而不涉及它与其他社会间的贸易关系。然而在当今世界，这样的社会并不存在。国际贸易赋予今日的货币与物价问题国际特色，这一点很重要。

如果目前所有国家都有自己的不兑换纸币，但又没有一种货币能为各国所共同接受，那么各国的价格水平就无密切联系。不

可否认，在实行不同金属本位的各国之间——如在金本位国家与银本位国家之间，他们的物价水平的确有一点联系。但当相互贸易的两国或多国采用相同的金属本位时，则其中一国物价水平的变动，往往对其他国家的物价造成深远影响。

一个小国（如瑞士）的物价水平，主要取决于其他国家的物价水平。因为如果这些国家的物价水平高于或低于瑞士，则这种差距会引发贸易流，这将增加或减少瑞士的货币数量，从而使瑞士的物价升高或降低到跟国外持平的水平。黄金是大多数文明国家的本位或足秤货币，并以此方式不断在国家或地区间相互流通。就某一小国而言，该国的物价水平取决于它境内的货币数量是没错，但不可忽略的是，该国境内的货币数量反过来取决于境外的物价水平。一国与世界的关系，一如潟湖[1]与海洋的关系。毫无疑问，潟湖的水位取决于湖里的水量，但湖里的水量其实又取决于海洋的水位。随着外海潮水起落，潟湖水量也会随着增减。

为简化货币在不同社会间的分配问题，我们暂且忽略货币通常由具有货币用途的物质组成的事实。因此，我们不考虑货币因熔化而消失的情况，同样，我们也将忽略通过铸币生产货币的情况。

让我们以一州——如美国康涅狄格州（下简称"康州"）为例，探讨各种决定其货币数量的因素。假设该州的物价暂时跌落至罗得岛州、马萨诸塞州及纽约州等邻州的物价之下，结果就是

1　指被沙嘴、沙坝或珊瑚分割而与外海相分离的海水水域。

上述邻州的货币流入康州，因为人们总是会在最廉价之处买入，在最昂贵之处售出。由于物价低廉，康州成为适宜购买、不宜售卖的地方。但他州的人到康州购买物品，必须携带货币进入康州。因此，货币会流入康州，直到其物价涨到可以阻止货币流入时为止。反之，若康州的物价高于他州，宜于售卖，不宜购买，则他州的人必来康州售卖，易钱而返。这时，货币会流出康州，直到其物价跌到比他州更低时为止。一般来说，货币从物价高的地方流向物价低的地方。人在可以获得最多钱的地方出售商品，在必须付出最少钱的地方购买商品。我们只说货币，是因为长期来看我们并不需要考虑银行存款的流动，如前所述，在长期，每个国家的存款通货都跟货币保持某个确定的比率。在长期，一国存款会随着其货币的增减而增减。

但决不可因此推断各国的各种物品价格甚至一般价格水平将完全相同。距离、不知道最佳市场在哪、关税、运输成本等助长了各地物价的持续不同。每个地区的土特产在本地往往更便宜。只要外地价格超过本地价格的部分在扣除运输成本后还有余，这些产品就会出口。通常，如果一件商品的外销价格还低于国内售价加上运费，那它就不会出口。许多商品只是单向运输。比如，小麦都是从美国运销英国，而不是从英国运销美国。小麦在美国往往更便宜。大量的出口使得美国的价格上升到接近英国的售价，但由于运输成本，美国价格仍低于英国价格。还有一些商品也是朝这两个方向之一去流动，至于是哪个方向，取决于市场行情。

尽管国际贸易与国内贸易不能使各地物价水平完全相同，但在某种程度上，这些贸易能以上述方法调整货币的分配，进而调节各地物价，使之趋于一致。如某一商品进入国际市场交易，则仅该项商品便足以调节货币的分配——虽然进度缓慢；因为货币作为该商品的回报，会随其流动而流动，且随着该商品价格的涨跌，该商品销量也会随之增减。就各国间的普通商业往来而言，尽管各国都试图以保护关税进行干预，但仍有为数众多的商品流进流出。

同时，由于货币数量影响各种商品价格，因此国际贸易的调节作用不仅影响该类进入市场交易的商品，还波及所有其他商品。由此可知，当今的国家间贸易或地区间贸易，正不断调节着全世界的物价水平。

谈到这个主题，就不得不提关税对货币购买力的影响。当一个国家采用关税制度，其物价水平必有上涨的趋势。关税显然会提高受保护物品的价格。但关税的影响不止于此，它也会使不受保护物品的价格趋于上涨。因此，实行新的关税，先是导致进口减少，但这时出口没有变化。有一段时间外国人仍向贸易保护国[1]购买跟以前一样多的商品。这种不受限制的购买意味着，出口货物不受限制，而进口这边却突然受到限制。这使得贸易保护国的出口暂时超过进口，也就是出现所谓贸易"顺"[2]差，即货币的净流入。但货币的这种流入最终会使得各种物价都上涨——而不只是

1　即采用保护关税的国家。

2　原文为"favorable"，字面意思是指某国出口额大于进口额的情况对该国是有利的。而费雪在此词上加了引号，是要说明，贸易顺差不一定就是好事。

受保护物品价格上涨，涨到外国人对出口商品望而却步，不再购买为止。

虽然关税造成的贸易顺差是暂时的，但其遗留的后果——货币增加与物价上涨却是永久的。对许多人来说，这或许是他们认为保护关税是经济繁荣的因素之一的主要理由。关税不仅对受保护的产业，而且对一般贸易都提供了临时刺激，实际上，这种刺激只是对货币膨胀的刺激。关税的长远影响是使贸易保护国的总体价格（包括货币工资）保持在比自由贸易国更高的水平。这无疑是美国的工资和物价高于英国的原因之一。

《安德伍德关税法》（1913年通过）降低了关税，这将刺激进口和导致黄金外流，从而使物价降低。对于贸易差额有许多谬论，其中有一个是：对于任意两个国家，除非他们的贸易保持平衡，否则有一个必定会吃亏。但其实任何一国，只需要和世界上所有其他国家整体的贸易保持平衡即可。比如，贸易通常是三角或间接的。可能出现的情况是，美国对加拿大贸易顺差，加拿大对德国贸易顺差，而德国对美国贸易顺差。

处理贸易差额的另一个常见疏忽是没有考虑到看不见的贸易项目，如运费、保险、银行手续费、游客、差旅费以及证券投资支出。[1]证券出口是国际贸易中非常重要的项目。即使是过去负债

1　对于这几方面的讨论，可参见马歇尔的《货币、信用与商业》第三编《国际贸易》第四章《输入输出之间的差额》。

形式的息票[1]，在包括美国在内的许多国家中也是很大的项目。最后，即便所有这些看不见的项目都被准确计算在内，进口额与出口额还是会有一点差异，因为国际贸易并不总是对等交换，有的就是礼物赠予。在美国尤其如此，许多移民会向"故国"的亲戚汇款。

二、货币的熔化与铸造对货币数量进而对物价的影响

我们已经看到，交易方程式中的 M 是如何受货币的输出与输入影响的。如果考虑的是任一国家中的 M，那么所有其他国家中的 M 就都是外部影响因素。

再进一步，我们所要考虑的 M 的影响因素，不仅要在任一特定国家的交易方程式以外，还应该在整个世界的交易方程式之外。货币的输入与输出，除了受进口和出口的影响，还受铸币和熔币的影响。换言之，全世界的货币存量不仅像水一样相互关联，还以同样的方式跟方程式以外的贵金属条块存量相互关联。在现代世界，一种贵金属（比如黄金）通常扮演本位货币角色，它有两种用途：货币用途和商品用途。也就是说，黄金不仅是货币材料，还是商品。就其商品本质而言，贵金属是制造首饰、艺术品以及

1　Interest coupon，原指旧时的债券票面的一部分，债券持有人可将其剪下，在债券付息日携至债券发行人处要求兑付当期利息。现在发行的债券多采用电子化形式，但票面利率（coupon rate）仍用来表示债券的利率。

其他产品的原料。而在用于制造之前，这类金属被称为条块。

黄金货币可熔铸为条块，而条块也可以改铸为货币。事实上，这两种改铸一直在进行。如果跟其他商品相比，黄金的一种用途的价值比另一种大，黄金会立即流向获利更大的那种用途上，金条的市场价格（以黄金货币计价）将决定其流向。例如有100盎司黄金，纯度为9/10，可以改铸为1 860美元金币，则此时同一纯度同一重量的金条，其市场价格也会朝1 860美元的方向走。如果将条块铸成货币或将货币熔铸为条块都无须花费成本，则这种熔铸和再熔铸将自动发生，使得金条的市价不致变动太大。如果金条价格高于其所能铸造的金币价值，黄金使用者（尤其是珠宝商）就会将货币熔化，改铸为条块，以谋微薄之利。比如，如果100盎司黄金卖1 861美元，这时他们就会将价值1 860美元的金币熔铸为金条，以赚取1美元的价差。相反，如果金条价格低于金币价值，他们就会把金条熔铸为金币。熔化硬币的作用是减少金币数量和增加金条数量，从而降低作为金条的黄金价值，提高作为货币的黄金价值，也进而降低了物价水平，使金块与金币的价值重新恢复相等；如果是相反，即将条块熔铸为货币，最终作用也是使黄金的两种用途的价值达到均衡（即趋同）。

如果将金属条块改铸为金属货币要收取费用——"铸币税"，或铸造需要成本或较长时间，则这种改铸势将遭受某种程度的阻碍。但在现代自由铸造的制度下，冶金技术的现代化，使得货币的熔化与铸造几乎不需要什么成本，也不会出现延迟。事实上，几乎没有比金条与金币之间的价格调整更精确的价格调整了。因此，货币的数量及其购买力直接取决于金条的数量。

用金币表示的金条价格的这种稳定性，使人们大脑混乱，造成一种错误印象，认为货币价值是不变的。的确，这种稳定性经常被作为黄金是稳定的价值标准的证据。从事黄金制成品交易的人，似乎误解了下列事实的重要性：1盎司黄金（纯度为9/10）在美国的价格通常是18美元60美分，而1盎司黄金（纯度为11/12）在英国的价格通常是3英镑17先令10个半便士。这个事实只说明，形式不同且衡量方式不同的两种黄金，他们之间的比率是固定的。1盎司金条等于一固定数量的金元，与1英镑黄金等于一固定数目的金元，或1吨大钢锭等于一固定磅数的小钢锭的道理一样。

因此，除了极轻微的临时波动外，金条和金币的价值必定总是相等。接下来，我们将讨论同时影响两者的重大波动，我们将这两种可互换的价值统称为"黄金价值"。

三、金属货币的生产、消费对货币数量进而对物价的影响

黄金条块的存量，并非影响货币数量的最终外部因素。由于金条存量与金币存量相互影响，是以两者的存量都受黄金生产与消费的影响。黄金的生产主要来自金矿的产出，而金矿产出则往往会一直增加金条与金币的存量。黄金的消费则来自在艺术品中使用金条，如首饰加工、镀金等，以及金币的损失，如磨损、沉船事故等。如果把金币和金条的数量看作一个水库，那么生产就

像金矿黄金的流入，而消费则像是往艺术品方面的流出，以及由破坏、损失造成的流出。而金矿的流入，还要加上来自被淘汰的艺术品的黄金回流。将金画框熔铸成金条的生意，即为一例。

我们先讨论黄金的流入或生产，再讨论其流出或消费。调节黄金流入（实际上就是金矿的黄金产出）的是预估的生产成本[1]。只要生产一金元的估计成本低于一金元的现有价值，人们（通常）就会生产黄金；反之，只要生产成本超过一金元的现有价值，就不会生产黄金。前者有利可图，后者无利可图。

无论是以何种方式衡量生产成本——不管是以黄金本身，还是一些大宗商品（如小麦），又或是一般商品，这一结论都成立。在金本位国家，黄金开采者实际上是以黄金估算黄金的生产成本。站在开采者的角度，将生产成本和产品价值转换成黄金以外的其他标准只会造成不必要的麻烦。他关心的只是两者的关系，而无论采用哪种标准，这种关系都是一样的。为说明黄金生产者如何用黄金衡量一切，假设价格水平上涨。之后，他将不得不为工资、机械、燃料等支付更多金币，而其产品的价格（以金元衡量）未发生变化。反之，物价下跌，将使其（以货币表示的）生产成本降低，而其产品价值仍照常不变。因此，生产成本是变量，而金价是常量。

如果不用黄金而用小麦或一般物品表示同一现象，情形正好相反。这时物价下跌不会影响（用物品衡量的）生产成本，而其

---

1 《货币的购买力》使用的是"边际生产成本"。

产品以一般物品表示的价格或购买力，则会上涨。黄金成本是常量，而其价格（购买力）则是变量。

因此，无论用黄金还是其他商品作为价值标准，价格与生产成本的比较结果都是一样的。当用黄金来衡量劳动力和商品的价格时，这些价格的上涨就意味着采矿者生产成本（劳动力和材料的货币成本）的上涨，而其产品——黄金的价格则保持不变；而当用其他物品来衡量劳动力和商品时，物价上涨就表现为黄金的购买力下降，但以物品本身衡量的劳动力和材料的成本则不变。从第一种角度看，他的成本相对于产品（价格）有所上升。而第二种则是产品（价格）相对于成本有所下降。不管从哪个角度看，他都一样沮丧。他会以第一种视角看待他面临的问题，即将其看成生产成本的上涨。然而我们发现，更有用的视角其实是第二种，即将其看成其产品购买力的下降。不管哪一种，我们所要比较的还是黄金的生产成本与黄金的购买力。对某个金矿来说，只要黄金的购买力高于其生产成本，它就会经营下去；如若购买力低于生产成本，就不会再经营。

至此，对于黄金流入和调节这种流入的条件，我们已经讨论很多。接下来将讨论黄金的流出或消费。黄金消费有两种方式：在艺术品中的消费与充当货币时的消费。

首先看黄金在艺术品中的消费。如果某件黄金艺术品价格低廉——即其他物品价格较高，则此类价廉的黄金艺术品，其使用和消费的数量必将增加。如果上述事实以货币价格表示，则当金箔和黄金饰品的价格跟以前一样，而其他所有东西的价格变高以及人们的收入也变高时，人们会使用和消费更多的金箔和黄金饰品。

以上是黄金作为商品被消费的例子。而当黄金铸造为硬币后，其消费与损失就来自磨损（因与其他硬币或手、口袋或钱包摩擦而逐渐耗损），或因沉船或其他意外事件而损失。这种消费随黄金使用数量及交换次数的变化而变化。

因此，黄金价值的购买力下降会影响黄金的消费和生产。它刺激消费（也就是把金条转变成商品），但打击生产。当然，购买力上升则作用相反。反过来，黄金的消费和生产也会影响它的购买力。黄金消费，或部分金条被制成黄金饰品等，提高了剩下部分的购买力，而黄金的开采则降低了购买力。货币的购买力受其生产和消费两股相反的力量所操纵，其升降要视情况而定。

至此，只剩下一个重要的外在因素没讨论，那就是影响货币与存款数量的货币制度与银行体系的特点。下一章将专门讨论。

同时，我们可能会注意到，目前实际影响货币数量或流通速度的因素，几乎全是使物价往上涨方向发展的因素。至于使物价朝相反方向发展的因素，几乎就只有交易量的增加。我们还可能指出，本章和上一章讨论的某些因素，它们作用的方式不止一种。比如技术知识和发明，它们通过增加交易量影响交易方程式。只要这类因素增加了交易量，物价就趋于下跌；但如果这类因素使得冶金及其他艺术有所发展，从而提高了贵金属的产量和运输能力，则物价趋于上涨。只要这类因素能使货币与存款的流通转移更为迅速，则物价趋于上涨。只要这类因素使得银行业务的经营艺术进步，这时候存款通货（M'）、货币与存款流通速度就会增加，物价也将趋于上涨。只要这类因素导致城市人口集中，从而使流通加速，则物价趋于上涨。

第八章
货币制度的运作

一、格雷欣法则

迄今为止，我们对影响货币购买力的因素的讨论，只限于有且只有一种流通货币的情况。接下来，我们将考察使用两种或两种以上货币的制度。

早期货币史的一项主要困难，在于如何使两种（或两种以上）金属货币同时流通。其中一种金属货币单位会变得比另一种便宜，而便宜的会将昂贵的驱逐出去。[1]这种趋势被称为格雷欣法则，以纪念伊丽莎白女王的财政顾问托马斯·格雷欣爵士。他在16世纪中叶唤起人们对这种趋势的注意，尽管现在学界已经知道，许多

1　这里所谓"比另一种便宜（cheaper）"，是指法定比价下价值相等的两种金属货币，其中有一种金属的市场价格后来变得比另一种便宜。比如本来按法定比价16∶1（1银元的重量等于1金元的16倍）而面值相等（都是1美元）的1金元与1银元。后来白银（相对黄金）的市价降低，变得更便宜，这时候就会出现银元驱逐金元的情况。而如果是同种货币（意味着本来价值相等），因磨损而变得廉价的劣币，就会驱逐更昂贵的那些良币。

人比他还要早发现这种趋势。事实上，这个法则早在古希腊时期就已经被注意到了。阿里斯托芬在其戏剧作品《蛙》中写道：

> 我们旧日的
>
> 和新铸的钱币也有这样的经历；
>
> 早先的钱币不是伪造的，
>
> 人们也那么认真地去计算它，
>
> 好像那是最好的东西一样：
>
> 切割得正确、清脆透响儿；
>
> 不论是希腊人，
>
> 还是外邦人，都不胡乱地去用它；
>
> 这些昨天和前天还在通行的、
>
> 肮脏的、毫无艺术造型的铜币，
>
> 是一种时尚。[1]

格雷欣法则通常被表述为"劣币驱逐良币"，因为我们时常看到的严重磨损的、破损的、重量不足的、"被修剪的"、"被磨削的"以及其他品质变差的货币，将足秤的、新铸的货币逐出流通。然而，这种说法并不确切。"劣币"，即磨损的、弯曲的、外观受损的甚至被磨去边缘的硬币，之所以能够驱逐其他货币，只是因为它们更没价值。有时候光亮的新铸货币会驱逐无光泽的磨损的旧币，

---

1 引自上海人民出版社罗念生译本。

比如1837年以后，美国新的金币驱逐了银币，新金币比旧银币更廉价。准确地说，这项法则应简单表述为：较便宜的货币往往会驱逐较昂贵的货币。

格雷欣法则在金与银上的应用的绝佳例子来自日本。在1858年英国与日本签订条约时，1盎司黄金在日本只值4.5盎司白银，而在欧洲则值15.5盎司，是日本价值的3.5倍。结果是，第一批从欧洲进入日本的商人可以通过黄金和白银的交易获得丰厚利润。比如，他们可以先在日本用4.5盎司白银购买1盎司黄金，再将这盎司黄金带到欧洲，用它获得15.5盎司白银，也就是其初始白银数量的3倍多。因此，白银流入日本，黄金流出日本。

两种货币中较便宜者总是流通，其理由是选择使用哪种货币交易是由支付者决定，而非接受者。任何人在选择用哪种货币偿还债务时，出于经济动机，都会使用较便宜的那种。如果主动权和选择权主要取决于收款人而不是付款人，则相反。这时，较昂贵的"良币"会驱逐较便宜的"劣币"。这是因为付款人往往会选择让较便宜的货币流通而把较昂贵的货币收起来。

持有这两种货币的人，都可能会选择把新铸币收起来。不过，对让"良币"退出流通特别感兴趣且助力最大的两个阶层——准确地说，是那些想出口或熔化这种货币的人——是银行家和金匠。

那么，昂贵的货币流向何方？可能被贮藏，或流进熔炉铸造，或流向国外。贮藏或被熔铸，属于经济上的动机；至于流向国外，则是因为在对外贸易中，决定接受哪种货币的是收钱的外国人，而不是付钱的本国人。外国人只会选择最好的货币，因为本国的法定货币法对他们并无约束力。

在硬币"磨边"[1]发明之前，以及在铸币"公差限度"[2]被采用之前，剪（削）去边缘或降低成色都很普遍，这给商业造成很大的困扰。然而，今天任何"被磨损"或削剪的硬币，只要重量显著减少，都会被停止法币资格，然后被普遍拒收，不再是货币。然而，即使在习惯或法律容许的公差限度内，只要廉价的货币仍然还是货币，廉价货币就会驱逐昂贵货币。

二、复本位制

格雷欣法则的明显效果是一有机会就降低货币购买力。整个世界货币史，大部分记载的是货币的贬值，且通常是由君主下令的贬值。如今我们研究格雷欣法则的首要目的是，充分阐述在格雷欣法则起作用的货币制度下决定货币购买力的诸多因素。其中一个实例就是复本位制。在复本位制下，政府允许造币厂以固定的铸币比率自由铸造两种金属货币（通常是金、银），并使该铸币比率下的这两种货币具有无限法偿能力。[3]在这种制度下，除非合

---

1 将边缘磨成细波纹状，以免硬币被不知不觉地锉掉或磨去一些。——作者

2 法律所能允许的与标准货币重量的离差。如果某枚硬币与标准硬币重量之差超过这个值，它在法律上就不被接受，不再是法币。——作者

3 所谓铸币比率，就是指银元与金元的重量之比。现在，该比率是16：1，因为银元（面值1美元的银币）重412.5格令，而金元（面值1美元的金币）重25.6格令，前者几乎是后者的16倍。——作者

同另有约束，债务人可以选择用黄金或白银付款。事实上，这些是完全复本位制的两个必要条件：1. 两种金属按固定比率，自由、无限制地被铸成货币；2. 该比率下两种货币都具有无限法偿能力。

复本位制的目的是让货币的购买力更稳定。有人认为复本位制在历史上从未使黄金和白银以相等价值并行流通，这种制度就没有这种能力。这种观点基于格雷欣法则——廉价货币驱逐昂贵货币。无论复本位制可不可取，我们的首要任务是证明该制度能够"行得通"，并说明在哪些情况下行得通，哪些情况下行不通。

假设一开始只有黄金可自由铸成货币（且是无限法偿货币），然后（如美国"白银党"在1896—1900年的提议一样）白银也像黄金一样处于基础地位，且造币厂也被允许自由铸造银币。

如果造币厂以1格令黄金=16格令白银的比值自由铸造金币和银币，结果会怎样？答案取决于允许自由铸币前黄金和白银的相对市场价值。如果412.5格令的白银比25.8格令的黄金贵，那就没有白银会被铸造，因为如果412.5格令的银条（块）售价大于1金元，就没有人会拿412.5格令白银去铸成银币。

但如果（像如今的情况一样）412.5格令的白银比25.8格令的黄金便宜，每个银条所有者就会把银条拿去造币厂铸币，借此赚一笔。通过这种方式，他可以将每一个412.5格令的银条换成1银元，而如果放在银条市场，就可能只能卖0.5银元。结果就是，一切银条所有者都争先恐后拿去铸造，将每412.5格令银条换成1合格银元，而不是早前能卖到的价钱（0.5银元）。的确，新银元的购买力可能不如金元，但作为法定货币，它具有跟金元一样的偿债能力。

因此，毫无疑问，复本位制的法律生效后，比黄金便宜的白银将流向造币厂。现在的问题是：结果将会怎样？答案简述如下：

1. 首先（正如"单本位论者"所强调的），格雷欣法则将起作用，廉价的银元将昂贵的金元逐出流通。

2. 然而（正如"复本位论者"所强调的），格雷欣法则的这种作用其实是自我限制的，因为它往往会减少金币与银币在价值上的初始差异。由于债务人渴望用白银代替黄金来偿还债务，因此白银价值增加了，而黄金价值减少了。黄金和白银价值的这种相互接近可能会使其价值相等，如果在黄金被完全逐出流通之前它们价值变得相等，这两种金属就会按面值同时流通。

3. 但是（正如"单本位论者"所指出的），这种后果极大地刺激了银币的铸造，并极大地阻碍了黄金的开采。结果就是，白银将逐渐变得充足，再次变廉价；而黄金变得稀缺，从而再次变得昂贵。结果是白银将再次倾向于驱逐黄金。

4. 但是（"复本位论者"坚持认为），白银（铸币和条块）存量的增加和黄金存量的减少也是自我限制的；因为白银产出的增加会受到生产成本增加的抑制，而消费将倾向于超过产出，而黄金的调整则跟白银相反。结果可能是两种金属同时流通，也有可能其中一种被逐出流通。一切取决于生产的数量。如果其中一种金属的产量多到超过某个限度，它就将完全取代另一种金属。因此，复本位制只有在一定范围（限度）内才可能存在，崩溃的可能总是存在，而且长期来看它肯定会崩溃。

现在，我们通过历史案例来说明上面刚解释的原理。首先也是最重要的例子来自法国。法国在1785年制定白银与黄金比率为 $15\frac{1}{2}$：1，1803年的法律仍维持这一比率。法国及拉丁（货币）同盟从1785年（尤其是从1803年）到1873年间的历史，很有启发。它用实际例证，证明当条件有利时，通过复本位制，金银可以在相当长的时期内并存。在此期间，社会大众通常没意识到两种金属间的价值差异，只是觉察到从黄金的相对流行变为白银相对流行，或者相反。的确，在金块批发市场上，价格比率不会固定在 $15\frac{1}{2}$：1，而是会有微小变化，但是这种变化只是提供了恢复平衡的力量。

1803年到接近1850年期间，总体的趋势是白银取代黄金。这一时期，黄金从法国净流出，即黄金出口大于进口。

到1850年，这个过程几乎达到了极限。要不是在这个节点人们在美国加利福尼亚发现了黄金，复本位制肯定已经瓦解，变成银单本位制了。黄金产量增加的结果是逆向流动，也就是黄金流入法国，白银流出。从1848年到1870年（含起止年份），黄金的净进口（输入）额达51亿5300万法郎，平均每年超2亿2400万法郎；而从1852年到1864年（含起止年份），白银净出口（输出）额总计达17亿2600万法郎，年均近1亿3300万法郎。黄金正在取代白银，充满整个通货池。当时似乎法国将尽失其白银通货，变成金本位国家。然而，随后金矿逐渐枯竭，而白银产量增加，其结果就是金银的流动再次逆转。白银逐渐将黄金逐出流通，要不是法国和其他拉丁同盟国家于1873—1878年相继暂停白银的自由铸造权，它们可能会变成银本位国家，而非金本位国家。复本位论者声称，这次白银非货币化行动，是导致复本位制瓦解的原因。然而，事实是复本位制瓦解导致了白银非货币化，尽管白银非货币化，即抑制白银流通而让黄金继续流通，的确扩大了制度本身已有的裂缝。

拉丁同盟或许认为，若其他国家也加入该同盟，复本位制可能会维持更长时间。但该同盟不仅要吸收许多银矿生产的大部分白银，还要吸收相当数量的德国白银，这些白银以前是德国货币储备的一部分，普法战争后德国采用金本位制，这些白银被抛到了市场上。换言之，不仅银矿生产的白银，还有白银非货币化国家的白银，都倾注到了拉丁同盟。加上当时斯堪的纳维亚国家和美国都逐渐转向金本位制，因此，很明显，对于成员不多且多为非重要国家的拉丁同盟来说，其所面对的阻碍相当多。

三、跛行本位制

如今复本位制只是历史研究课题而已，各国已不再施行。但它昔日的盛行在许多国家（包括法国和美国）留下了一种货币制度，这种制度有时被称为"跛行本位制"。这种制度之所以产生，是因为复本位制期间，在一种金属完全驱逐另一种金属前，铸币厂就已经不再使用相对廉价的那种金属制造货币，但截至当时已铸造出来的货币并未被召回。假定白银不再被采用，如法国和美国的情况，那任何已铸成且尚在流通的银币，仍与黄金保持法定比价继续流通。即使偶尔还有有限的白银被铸成货币，这种比价仍得以维持。结果是，银块价值与银币价值有差异。银币估价过高了。简言之，如今的制度是一种以银作为代币的金本位制。

从刚才的讨论可知，银币价值最后将等于法定比率下的等值黄金价值。同样的原理也适用于任何货币价值大于其构成材料价值的货币身上。以纸币为例，只要它具有货币特性——按其法定价值被社会大众接受——且发行数量有限，其价值一般等于法定比价下的等值黄金。若其数量无限制增加，它就会不断逐出（取代）黄金，直到黄金完全退出流通领域。同样，信用货币以及银行存款形式的信用也有这种效果。一旦使用这些货币和信用，流通黄金的需求就会减少。

只要白银或其他代币（如纸币）的数量太少，少到无法完全取代黄金，黄金就会继续流通。这种情况下，其他货币价值不会跌到低于黄金价值，因为假如跌至黄金价值以下，根据格雷欣法则，代币会取代黄金，然而我们已经假定代币数量太少，不足以产生这种效果。

因此，在跛行本位制下，银币与金币的价值能够相等[1]，这未必取决于银币能否兑换成黄金（即银币的可兑换性），而是银币数量受限制的结果。即使银币不能兑换成黄金，这种限制也通常能维

---

[1] 即金银还能维持法定比价。

持两种币值相等。但也并非总是如此。假如由于某种原因（比如对新版较陌生或听说未来有通货膨胀等），人们对某种不可兑换的纸币或代币丧失信心，那么即便没有超发，币值也将降到几乎等于其材料价值。它甚至可能被完全拒绝，以至于不再流通，不再是货币。一个人只要相信其他人都准备按面值接受某种货币，他自己就愿意按面值接受它。但这种信用也可能遭破坏，例如出于对超发货币的担忧。尽管收款人通常情况下会平静接受惯用货币或法定货币，但有时他可能会干预，要求在合约中排除不受欢迎的本位货币。也就是说，他可能会坚持在所有未来合约中规定用更好的金属（比如黄金）支付，从而导致已经贬值的纸币进一步贬值，或者他可能会诉诸易货交易，甚至不再签订商业合同。

像不可兑换的银元一样，不可兑换纸币如果数量有限，且并非不受欢迎，就会跟其他法定等值货币一样流通。若其数量逐渐增加，这种不可兑换货币可能会驱逐所有金属货币，无可争议地占据该领域。

杰文斯说过："大量证据证明，不可换现纸币如果在数量上加以严格限制，就能保持其十足的价值。1797年停止金币支付后若干年间的英格兰银行纸钞，以及当前（1875年）法兰西银行的纸钞都是这种情况。"[1]但杰文斯注意到，所有不可兑换的纸币一开始都是可兑换的。他补充说，这种习惯一旦形成，就会在货币流通

1　引自杰文斯《货币与交换机制》第十八章《监管纸制钱币的办法》中《不可兑换的纸币》一节。

上发挥很大作用，"但对于这么一种毫无价值（即没有任何其他理由接受）的物质，就算是最强大的政府，是否就能迫使人民把它当货币接受和流通呢？这一点令人怀疑。"

对许多人来说，不可兑换的货币总是令人着迷。但它从未被证明是可取的。这种不可兑换性，一直是滥用这种货币的诱惑。这会导致商业不信任，阻碍长期合约。而不可兑换的纸币一再被证实是采用这种货币的国家的祸根。因此，可兑换性虽不是产生与本位货币（主币）价值相等（即平价）的绝对要件，但在实践中，它是一种明智的预防措施。

美国的银元缺乏可兑换性，是其不尽如人意的币制的主要缺点之一。白银券可以兑换银元，但这些银元却不能兑换为黄金。这种情况的荒谬之处在于它基于一种错误的信念：只要白银券可以兑换成银元，那么这两者就能维持与黄金的法定比价。然而事实上，纸币（白银券）即便没法兑换成白银，也可以维持与黄金的法定比价。银元作为白银的价值要少于金元，这就如纸币（白银券）作为纸张的价值要少于金元一样。一银元中的白银值半美元，而一张纸还远远不值1分钱，这个事实丝毫无助于使这两种货币值1美元。到天花板只有一半距离的柱子，跟一英寸高的柱子一样，都无法撑起天花板。白银券与银元能与黄金保持法定比价，仅仅是因为它们的数量不足以取代黄金。如果数量足够大，它们将取代黄金并贬值；且白银券可兑换成银元这个事实，也没法阻止其贬值。

这几乎跟美国政府纸币（绿背纸币）的情况一样。绿背纸币只是名义上的可兑换，因为一旦兑换，又必须再发行。[1] 兑换的本质和好处是回收[2]，而没有回收的兑换就是徒劳。由于绿背纸币不许回收的要求，紧缩就可能不会发生。结果就是，当紧缩成为必要，就只能通过黄金外流（出口）来实现。1893年，在白银券和国库券强制膨胀的过程中，绿背纸币充当了总统格罗弗·克利夫兰所说的"无尽的链条"。绿背纸币兑换，使得黄金从国库中取出并出口，而其再发行又导致这种操作的重复，直到有足够的黄金流出而给新的白银券和国库券腾出空间为止。这个过程要等到要求白银膨胀的法律被废除才结束。

1　即只能兑换一张等值的政府纸币，因此就相当于收回多少，就发行多少。市面上的政府纸币数量并没有变化。
2　即让货币退出流通。

第九章
对物价决定原理的最后讨论

一、其他因素能保持相同吗？

前面八章主要是阐明货币购买力的决定因素。对于货币购买力，我们至今都当作5项（且只有5项）影响因素的结果来研究。这五项因素可分成3组，分别是：1. 流通媒介；2. 它们的流通速度；3. 通过它们实现的交易量。这3组因素与受其影响的物价，构成了交易方程式：$MV+M'V'=PT$。而我们发现，这3组因素自身又受方程式以外的前因影响。确切来说，我们发现：1. 由于人类需要的差异化、行业的多样化、通信与交通的便利，交易量增加，物价水平随之降低；2. 由于没有为将来考虑（没储蓄）的习惯、使用记账信用而使贮藏减少、交通运输便捷，流通速度增加，物价水平因而上涨；3. 由于开采货币金属、进口和铸造货币、通过复本位制引入另一种最初更便宜的货币金属、发行银行券和其他纸币，货币数量增加，价格水平因而上涨；4. 由于银行体系的扩张、信用记账的使用，存款数量增加，物价水平因而上涨。当然，如果因素相反，结果就相反。

因此，除了直接对货币购买力产生影响的3组因素外，我们还列举了12个前因。如果再往前追溯，则每增加一阶段，其影响因素越多，正如探寻一个人的祖先一样，每增加一个世代，祖先数量增加得越多。分析到最后，会有无数因素对货币购买力产生影响。对这些因素进行分类，不但无益，还不可行。为简化问题，我们的分析只包括这3个最近的因素，其他因素都必须通过这3个因素，才能对购买力产生作用。在我们的研究快要结束时，我们还是坚持最初的观点：交易方程式是货币购买力的重要决定因素。借助交易方程式，我们看到，通常存款数量直接随货币数量变动。因此，存款的引入并不会干扰之前已被发现成立的关系，也就是说，以下关系依然成立：1. 假定交易量和流通速度保持不变，物价直接随货币数量变动；2. 假定货币数量及交易量保持不变，物价直接随货币和存款的流通速度（若这两种通货一齐变动）变动；3. 假定货币数量（和跟着的存款数量）及其流通速度保持不变，则物价与交易量成反向变动。

但这时候问题来了：这3种情况下应该保持不变的因素，是否真的能够保持不变？答案是："能，但有个例外。"人均交易量的变化除了影响物价以外，还可能影响流通速度，因此这些速度不能保持不变。在给定价格水平下，人均交易量越大，个人周转速度越快。我们在一个调查中找到了实际证据和例证。我们让113名耶鲁大学学生仔细记录自己口袋里平均持有的现金和每日支出，以此检查他们的现金账户。结果发现，那些每年支出少于600美元的人平均将8.6美元留在口袋里，平均每年支出367美元，因此，周转率为$\frac{367}{8.6}$或43次每年。那些每年支出多于600美元的人，平均现金余额是12.7美元，平均每年支出1 175美元，因此，周转率为$\frac{1175}{12.7}$或93次每年。这表明，后者的平均支出是前者的3倍，但口袋里只多带了50%的现金，也因此，后者的货币流通速度是前者的两倍多。事实上，可以将学生细分到5组，支出分别为：1. 低于300美元；2. 300—600美元；3. 600—900美元；4. 900—1 200美元；5. 高于1 200美元。我们发现，流通速度分别是17、59、61、96、137次每年。这些数据无疑表明（如果不是证明的话），给定价格水平，支出越多，周转次数越多。换句话说，周转次数随个人交易量而变。如果该结论正确，那么一个社会的人均交易量越大，货币（及存款）的周转速度就越快——这个仅靠一般原理也能得出。因为这仅仅意味着任何商业活动的规模越大，现金使用就越经济（节省）。跟大型商店相比，小型商店现金存量相对于业务量更大（即现金存量与业务量之比更大），正如跟大银行相比，小银行需要的准备金与其商业交易量之比更大一样。

从这个结论可以推出令人惊讶的结果：尽管全球交易量的增加倾向于直接降低价格总水平，但是如果它增加的百分比大于人口增加的百分比以至于实际人均交易量增加，那么这将产生一个间接影响，即通过增加货币和信用流通速度来提高价格的相反趋势。的确，上面提到的学生数据不足，不具有代表性；但撇开这些缺点，这些数据表明，人均交易量增加两倍，导致货币和信用流通速度增加一倍。这有力地表明：只要交易量增加是人均意义上的，那么交易量增加对物价水平的任何影响，有一半以上会被它对流通速度的间接影响抵消。

但是，除了这种例外情况以及过渡时期外，决定价格水平的三组量——货币和存款、它们的流通速度、交易量实际上是彼此独立的。也就是说，货币（以及存款）数量的变化虽然可能暂时会影响流通速度和交易量，但长期来看没影响。相反，它所有的影响都将作用在物价上，因此，物价将以相同的比例变化。同样，流通速度的变化虽然短期可能影响货币及存款、交易量，但长期并无影响，而是把所有的影响都作用在物价上。

以上结论基于这个事实：细致的研究和调查未能表明，交易方程式中各因素之间在已提及的关系之外还存在其他关系。

二、货币增加，流通速度并没有降低

由于没人否认交易方程式的正确性，因此任何能够证明（本书意义上的）货币数量论错误的人，都要通过证明货币数量增加，往往不会提高物价水平，而是影响了交易方程式的其他4因素中的一个或多个因素，即1.降低货币流通速度，或2.减少支票存款，或3.降低支票存款流通速度，或4.增加交易量。然而，没有任何证据支持这些观点。

例如，我们不能证明，货币数量增加的趋势会降低货币流通速度（过渡时期除外）。有些人没有调查就天真地认为，如果货币数量突然增加一倍，物价不一定会上涨，只不过由于某种无法解释的原因，公众持有之前双倍数量的货币，但花的钱却和之前完全一样，换句话说，货币的流通速度会降低。但这是不方便的，我们已经看到，货币流通的速度取决于人们使用货币的便利程度。人们都会寻找并找到那个最适合自己持有的现金金额——这个金额最能调整自身以满足他们特定的支出。如果通过货币和支出的相互调整，人们实现了便利，那么这意味着，（在给定的价格水平上）所携金额的任何增加，现金都会过多而带来不便。

为了让大家有更清楚直观的认识，假设美国（国库和银行之外）实际流通的人均货币量约为15美元，而神秘的圣诞老人突然将每个人拥有的货币增加一倍。这意味着人均流通货币量从之前的15美元增加到30美元。现在，统计数据表明，人均流通货币量每月变化只有几美分。尽管个体携带的货币因其支出和收入变化必然会波动，但对于一大群人来说，他们携带的平均金额只会有微小的波动。如果突然增加了如此大的货币流通数量——人均每人多了15美元，大部分人首先想到的是，如何消除新增货币带来的不便。倘若他们倾向于把这些钱藏在袜子或保险柜中，或埋在地下，或扔到海里，那么物价不会有上涨的趋势。然而实际情况相反，他们会使用它，要么消费要么存到银行。因此，在圣诞老人到访几天后，收到这笔额外收入的人，绝大多数都会采用其中一种方式处理掉这些钱。如果采用第一种方式——购买物品，那么很明显，物价上涨就是大势所趋。因为这种人均15美元的突然支出——即使只是一小部分美国人民这么做，会导致大批人群涌入商店。

平均每个人在两周内的实际货币支出不超过15美元。也就是说，人均每天支出约1美元，或者说，整个国家每天支出约1亿美元。假设5天内花完这笔15美金的意外之财，也就是人均每天3美元，或一国一天3亿美元。那么，加上原来的1亿美元，整个国家每天的支出就是4亿美元，是原来的4倍。生意兴隆来得如此突然，惊讶之余，店主会迅速提高商品价格，否则，许多情况下库存会被一扫而空。

乍一看，似乎每个人只需几天时间就可以处理掉多余的钱，价格波动也因此只是暂时的。但这种推理是错的。不要忘了，个人摆脱金钱的唯一途径就是将钱交给其他人。因此，社会并没有摆脱它。在圣诞老人假设下，商店收银台里的钱本身已经多了一倍，如果这时店主再从顾客那里获得其过剩现金，那么就轮到他们为这些钱犯愁了，他们会通过消费或存入银行来摆脱这些钱。既然通过转移资金摆脱金钱的努力只会导致某一些人有剩余，那么社会的剩余并没有变化。因此，摆脱金钱的努力以及随之而来对物价的影响将一直持续，直到物价涨到某个足够高的水平为止。

即使假定大部分的钱不是花在交易上，而是存到银行里，上述结论也一样成立。这时，努力摆脱剩余现金的人，将会是那些存款突然膨胀的银行们。没有银行家希望拥有闲置的准备金，每个银行家都会把准备金的增加作为业务量增加（包括存款增加）的基础。我们已经看到，这种趋势最终导致3个货币量的相对数量维持不变，它们分别是：1. 流通中的货币；2. 银行准备金；3. 基于这些准备金的存款。因此，社会货币量翻倍，最后也会导致这3个量都翻倍。短期内，这还意味着物价翻倍，因为只要物价没有比原来高一倍，不便的现金过剩现象就依然存在。这时，个人、商人、银行家等都会努力摆脱过剩现金，而这种努力（行动）倾向于提高物价。然而，当价格达到原始水平的两倍时，将不再有任何摆脱过剩现金的行动了，因为已经没有过剩的现金了。考虑到现在的物价是原来的两倍，而拥有这笔"横财"的人，平均而言，工资或收入也增加了一倍，因此，人均30美元不再显得过多。因此，如果以前人均习惯消费是300美元，平均持有余额15美元，那么现在的习惯消费是600美元，平均余额为30美元。调整后的30美元与600美元，跟之前的15美元与300美元，比重都一样，都是1∶20。这意味着个人手上的货币平均一年周转20次。因此，最终，货币数量增加并不会对流通速度产生影响，而只会提高一般价格水平。

值得一提的是，上述例子虽是虚构，但除细节外，其他都跟发现新黄金时的实际情况一样。黄金矿工将其产出转变为货币：有时直接把金块或金粉当货币，有时则将其带到铸币厂铸成硬币。比如，某个矿工刚从铸币厂得到了1 000美元黄金，几乎可以肯定，他会尽最快的速度处理掉至少950美金，方式是消费或者存入银行。不管哪一种方式，只要有几百上千人这么做，他们花钱或存钱的社区物价就有上涨的趋势。

这正是60年前加利福尼亚矿地以及一二十年前科罗拉多和克朗代克矿地出现的情况。当地物价的这种上涨随后又波及其他地方。因为，正如我们看到的，一个地方的物价水平不可能在大大超过某个邻近地区的同时，又不会导致货币输出到邻近那个物价低廉的地区。

因此，新增的货币逐渐流向世界各地，流到哪，哪里的物价就上涨。所有努力摆脱过剩现金或存款的行动，都伴随物价的上涨；这种现金或存款的过剩要得到永久消除，没法通过易手转移，只能通过物价上涨。

通过这种方式，我们可以证明，货币数量的增加不会影响银行存款的流通速度（V'）和交易量（T）。它只会增加存款数量（M'），提高物价水平（P）。当然，货币量（M）的变化不能阻止其他因素同时起作用；这些因素可能而且确实会影响 M、M'、V、V' 和 T 这五个因素，并往往加剧或抵消货币（M）对价格水平（P）的影响。不过，这些其他因素的影响并不是货币的影响。货币本身只对存款（M'）和价格水平（P）有影响，这种影响与其数量成正比。尽管事实上其他因素很少或从不保持不变，也没法将货币数量对物价的影响从其他因素对物价的影响中分离出来并被单独观察到，上述观点的重要性和真实性也丝毫不会削弱。货币数量变化的影响总是与交易方程中其他因素变化的影响相混合，就像重力对落体的影响与大气阻力对落体的影响相混合一样。

因此主要结论是，经过仔细研究，我们发现，没有什么能妨碍货币数量论——即货币数量（M）变动一般会引起物价成正比例变动——的正确性。

三、物价指数

到目前为止，我们一直都在研究决定货币购买力或其倒数——一般价格水平的因素。但我们迄今还未仔细研究一般价格水平究竟指的是什么，虽然在第三章第一节举了一个简单的例子，算出了面包、布料和煤炭的平均价格。只要我们还像之前一样假设所有物价的波动完全一致，就没有必要定义一般价格水平。但实际上，物价变动绝不会完全一致。如果某些物价变动不足以维持交易方程式两边相等，则其他物价就必然涨得更多。有些涨得太多，其他就必然涨得少。加上有些物品价格完全没法自我调整，有些又只能缓慢调整，情况就变得更复杂了。比如，合约上规定的价格，在签约日期到履约日期间就不受任何变动影响。这些合约的存在，是采用一种货币购买力不稳定性最小的货币制度的主要理由之一。合约是一种有用的工具，而一个多变的货币本位会扰乱合约并阻碍其形成。即使没有显性的合约，价格也可能无法调整，因为还存在隐性的非正式协议（默契）和习惯的惯性。除了这些限制，物价的自由变动通常还受到法律限制。比如，法律规定铁路公司向每位旅客收取的费用不能超过2美分每英里，或者将市内有轨电车的票价限定在5美分或3美分。在部分物价不调整的情况下，不管不调整的原因是什么，那些物价会调整的物品，其价格变动的幅度要比在所有物价都自由调整的情况下大。就像把溪流（横截面）的一半给堵住，另一半的流速就增加一样，部分物价变动之不足，必然使其他物价变动更大。

还有一类物品的价格没法随其他物品价格那样大幅波动，它们是那些主要由货币金属构成的特殊商品。因此，在采用黄金本位的国家中，其牙医用黄金（金牙）、金戒指及黄金饰品、金表、金边眼镜、镀金相框等的价格，并不随其他物价同比例变动，而通常是呈较小比例变动。价格由其原料黄金决定的程度越大，该物品价格的变动范围就越小。

黄金制品的价值，多少与黄金本位的价值相关联，由此可推断：黄金制品的替代品，其价格变动幅度也比一般物品小。这些替代品包括银表、银饰品及其他各类珠宝，不论是否含有黄金成分。

各种物品价格的进一步分散是由供求产生的。供求的特殊力量不断作用于每个个别价格，并导致各物价间的相对变动，这些变动尽管不能影响一般价格水平，但能够影响个别物价在一般价格水平上下变动的数量及程度。

显然，无论一般价格水平如何变化，个别物价之间会不断发生相对变动。认为不同物价的变动整齐划一，就跟认为一群蜜蜂运动整齐划一一样毫无根据。然而，另一方面，因为物价之间的变动不一致，就否认物价总体变动趋势（即物价总水平变动趋势）的存在，就像因为蜜蜂之间运动轨迹不同，就否认蜂群总体运动趋势的存在一样，也是毫无根据的。这种物价总体变动趋势用指数表示。它给出了任一时期与（作为对比的）其他某一时期相比的平均价格水平。

除个别物价变动之外，商品交易数量也会随其物价的变动而变动。换句话说，随着每个 p（即每一种商品的价格）的变动，与其相关的Q也会变动，因为任何影响某一商品价格的因素通常也影响该商品的消费。

可见，假设各种物品的价格（p）一致（均等）变动或其交易数量（Q）一致变动，几乎毫无用处。因此，我们不能再使用这种假设，而是必须创造出某种通过平均数表示物价或交易数量变化的一般趋势的简便方法。我们必须构想出两个复合或平均的量：一是价格水平（P）或物价指数或价格比例尺[1]；二是交易量（T）。

如第三章所讲，P是所有p的平均，T是所有Q的加总。P是一般价格水平的指数。

而在实际操作中，为计算P和T，必须选择适合各种不同商品的计量单位。各种（物品的）Q通常有自己的单位，但不管是哪个，用来衡量T都不是最合适的。煤炭按吨出售，砂糖按磅出售，小麦按蒲式耳出售，等等。如果只是将这些吨、磅、蒲式耳等加总，并称总数就是这么多商品"单位"数量，那就太随意了。这样一来，如果把煤炭的单位换成英担，结果就跟按吨计算的不同了。假如我们不以商品计量单位为单位，而是以某特定年份（基年）"价值一美元"的数量为单位来计算，这种计算制度就不那么随意了，它更有利于比较不同年份的价格水平。这样，任一物品在基年的价格就是一美元，而所有物品的平均价格也刚好是一美元。而其他年份的平均价格（即任意选定的、在基年值一美元的

1　费雪认为价格水平更好的名称是"价格比例尺"（scale of prices）。正如放大或缩小地图的比例而不会改变轮廓，我们可以对价格比例尺进行放大或缩小而不影响个别价格关系。

商品单位的平均价格），就代表价格水平的指数，而这些商品的单位数就是交易量。因此，为简单起见，假定只有3种商品——面包、煤炭和布，数据如下表所示：

年份	价格（美元）			交易量		
	面包（条）	煤炭（吨）	布（码）	面包（百万条）	煤炭（百万吨）	布（百万码）
1909	0.10	5.00	1.00	200	10	30
1914	0.15	6.00	1.10	210	11	35

现在，我们想要比较1914年与基年1909年的平均价格或价格水平，还要比较这两年的交易量。如果不想花大力气来获得最佳结果，我们可以按照表中数字，算出这几种商品的平均价格，并加总这几种商品的数量。通过这种简单粗暴的方法，可以算出，1909年每单位的平均价格是（0.10+5.00+1.00）÷3=2.03美元，1914年为（0.15+6.00+1.10）÷3=2.42美元；1909年的总交易量为200+10+30=240百万单位，1914年为210+11+35=256百万单位。也就是说，1909年到1914年，价格水平从2.03美元涨到2.42美元，涨了19.2%；而交易量从240涨到256，涨了6.6%。

然而，这个简单方法在价格比较中赋予了煤炭太多的权重，煤炭价格用的数字恰巧很大，而这仅仅是因为它用了一个很大的单位（吨）来衡量。要解决这种权重分配不当，一种方法是以磅为单位测量所有物品；但更好的是前面提到的那种方法，使用

"1909年价值一美元"的数量为单位。显然，1909年价值一美元的面包是10条，煤炭是0.2吨，而布匹是1码。换成这些单位后，上表变成：

年份	价格（美元）			交易量		
	面包（10条）	煤炭（0.2吨）	布（码）	面包（百万个10条）	煤炭（百万个0.2吨）	布（百万码）
1909	1.00	1.00	1.00	20	50	30
1914	1.50	1.20	1.10	21	55	35

在新单位下，1909年的平均价格是1美元，因为这也是每一种物品的价格；而1914年的平均价格是（1.50 + 1.20 + 1.10）÷ 3 = 1.27美元。1909年总交易量（以百万单位计）为20 + 30 + 50 = 100；1914年为21 + 55 + 35 = 111。因此，以此计算，物价水平从1美元涨到了1.27美元，用更常用的方法表示，从100%的基数涨到127%的高度——上涨了27%；交易量从100百万单位增至111百万单位，增长了11%。

上述方法还可以稍微改进：对1914年的价格进行"加权"平均，而不是简单的平均。所有商品的总价值除以它们的总数量，就可以得出加权平均数。这种方法更好，因为它赋予交易较少的商品（比如面包）较少的权重。1909年的平均价格还是1美元，因为每种商品的价格都是1美元；但1914年的平均价格就有一点不同了。总价值为1.50 × 21 + 1.20 × 55 + 1.10 × 35 = 136百万美元，总数量为 21＋55＋35＝111 百万单位；因此，平均价格为 136÷111＝1.23 美元。根据最后这种方法，物价水平从 1.00 美元（或 100%）涨到 1.23 美元（或 123%）。也就是说，物价指数在 1909 年是 100%，在 1914 年是 123%。这表明物价上涨了 23%。

这几种方法计算的价格平均涨幅略有差异，分别是 19%、27% 和 23%。其他许多方法[1]计算的结果也略有不同。没有一种方法可以给出绝对完美的价格水平变化指数，但上述最后一种方法求得的结果不亚于其他方法。不管用哪种方法求均值，其要点都是给予主要交易产品较大的权重，给予次要或无关紧要的产品较小的权重。比如，尽管镭的价格在过去几年大幅下降，但镭作为一种商品并不重要，因此在我们的计算方法中，镭价的大幅下降不应该对一般价格水平指数产生很大影响。

幸运的是，我们发现，在实践中大多数计算物价指数的方法，在物价水平上都显示出基本相同的总体变化。

1　读者如果对某两种计算物价指数的方法的优势比较感兴趣，可以参考笔者的《货币的购买力》第 10 章及第 10 章的附录。——作者

第十章
价格水平的历史

一、早期记录

没有什么物价指数是绝对准确的，但是美国劳工局[1]近年来编制的物价指数对所有实际目的来说都足够准确了。而对于遥远的过去，我们只有非常粗略的指数数据，因为过去的物价记录缺陷很大。但这些粗略的指数数据也足以表明，过去千年[2]中价格的总体趋势经常是上升的。从过去的一些记载可以看出，现在的物价

---

1 成立于1885年1月，隶属于内政部，后几经变化，于1913年成为新建立的美国劳工部的一个机构，改名为劳工统计局。

2 本章引用的过去几个世纪的物价比较数据来自达弗内尔、哈诺尔（Hanauer）和莱伯（Leber）。而对更远年代的物价比较，布尔茅尔学院的弗格森（J. F. Ferguson）教授在此书将送到出版社编校时，写信告诉我，通过使用戴克里先法令（edict of Diocletian）颁布的公元301年数据发现，当时11种食物的平均价格，相当于1912年美国同样的食物价格的50%到60%。顺便提一下，弗格森教授还算出了10个职业的相对工资，公元301年的罗马工资相当于现在（指1912年左右）美国工资的8%—20%。因此，罗马工人的工资大约是现在美国工人的十分之一，但其食物支出是美国工人的一半多一点。因此，看来罗马工人的实际收入不到当今美国劳工的五分之一。——作者

是8、9世纪（1100年前）的5到10倍，是12—15世纪的4到6倍。实际上，自发现新大陆（美洲）以来，物价几乎是一直稳定上升。图5是乔治·达弗内尔估算的法国数据，虽然这些数据比较粗略，但它提供了1200年到1790年的连续数据，以及850年与1890年的对比数据。

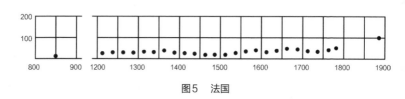

图5　法国

最近有本书叫《伊丽莎白时代的文学职业》（作者菲比·舍文），揭示了16世纪与当今情况的相似之处：

> 同时，价格迅速上涨，部分是因为消费增加，部分是因为西方国家涌入白银。16世纪后半叶，谷物价格是之前三个世纪平均价格的3到10倍。糖从4便士涨到12.5便士。斯托告诉我，不止谷物，"而是所有其他人类的食物，都毫无意识毫无理由地在涨价"。同一时期的租金也在急剧上涨。16世纪初，一个农场出租只要10先令，但到了1583年，就可以高达10英镑。

毕晓普·弗利特伍德于1707年披露了一些数据，这些数据使他相信"260年前的5英镑，在今天（1707年）相当于28或30英镑"。

　　金矿银矿的相继开放是造成物价反复上涨的主要原因。美洲发现后的前半个世纪，世界年均黄金产出不到500万美元（今天是当时的100倍），银的产量也一样。一个世纪后[1]，在发现玻利维亚的波托西富银矿后，银的产量是之前的4倍，年均1 800万美元。新世界的矿产开始涌入欧洲，先是流入西班牙（新矿场的主要所有人），后经贸易流入荷兰及欧洲其他地区。相应地，正如经济学家克利夫·莱斯利所证明的，物价先在西班牙出现上涨，跟着是荷兰，然后再到欧洲其他地区。16世纪的物价上涨，快到足以称得上是一场真正的价格革命。

　　下表[2]列出了经济史学家对不同世纪欧洲贵金属存量的估计以及价格水平的粗略计算。[3]

日期	欧洲贵金属存量 （十亿美元）	相对价格水平 （占1800年价格水平的百分比）
1500年	170	35
1600年	550	75
1700年	1 450	90

1　在《货币的购买力》中，费雪写的年份是1545—1560年，跟本书"（美洲发现的）一个世纪后"有出入。

2　更多细节，请参见笔者的《货币的购买力》，第234—237页。——作者

3　从该表可以看出，价格涨幅并没有跟上贵金属存量的涨幅，这可能是因为贸易量增加了。——作者

续表

日期	欧洲贵金属存量 （十亿美元）	相对价格水平 （占1800年价格水平的百分比）
1800年	1 850	100
1900年	5 890	125（？）

二、19世纪

从18世纪结束以来，物价变动的记录较为准确。图6汇总了杰文斯和绍尔贝克的统计数据，这些数据相当准确地显示了

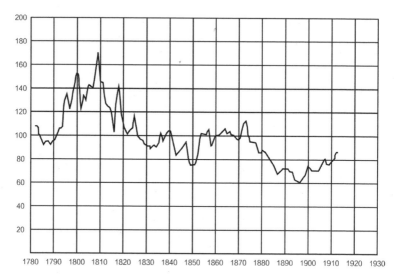

图6　英国

1782—1913年英国一般价格水平的变化。[1]

图7的细线再现了图6中1840—1913年的英国物价曲线。[2]图8—22的细线分别表示以下国家或地区的价格曲线：美国[3]、加拿大[4]、德国、法国、比利时、荷兰、丹麦、意大利、奥地利、西班牙、澳大利亚、新西兰、新南威尔士州、日本和印度。[5]图中的粗线则代表世界各国的平均物价走势。[6]可以看出，英国、美国和加拿大的价格走势与全球的价格走势极为相似。不过，美国曲线有一处跟全球的曲线有差异，这处差异出现在1865年左右。当时，由于内战和内战期间发行绿背纸币，美国物价飞涨，物价远高于其他国家和地区。这些不能自由兑换的纸币（即绿背纸币）贬值

1　英国1801—1820年的物价是基于贬值的纸币本位，故将该时期的物价转变为以金本位计算的物价。——作者（英国因在拿破仑战争期间发行不兑换纸币，使以纸币计价的物价上升较快。因此，这一时期的数据要以金本位计价，才跟其他时期有可比性。——译者）

2　这条曲线由澳大利亚墨尔本的统计学家尼布斯（G. H. Knibbs）算出，所依数据来自英国贸易委员会（British Board of Trade）的经济学家绍尔贝克。——作者

3　美国的数据来自《奥尔德里奇关于工资和物价的参议院报告》（*Aldrich Senate Report on Wages and Prices*），1890年之后的数据由劳工局的统计数据补充。所有数据均由尼布斯进行转换，使得在1911年的物价指数是100%。——作者（即以1911年为基年，其他年份的物价参照1911年进行相应转换。——译者）

4　加拿大的数据来自加拿大劳动统计学家科茨（R. H. Coats）。这些数据也一样经过尼布斯的转换。——作者

5　上面提到的曲线大部分由尼布斯的数据制作，而尼布斯的数据则来自其他可用来源。荷兰、西班牙、日本和印度的数据不是来自尼布斯，而是来自《国际统计学会公报》（*Bulletin de l'Institut International de Statistique*）或其他统计出版物。——作者

6　该曲线采用的依然是尼布斯的统计数据。其中，英国和美国是从1840年算起，法国是1847年，德国是1851年，新西兰和澳大利亚是1861年，比利时、意大利和加拿大是1890年。所有这些统计数据都被转换成以1911年为基年的物价水平数据。——作者

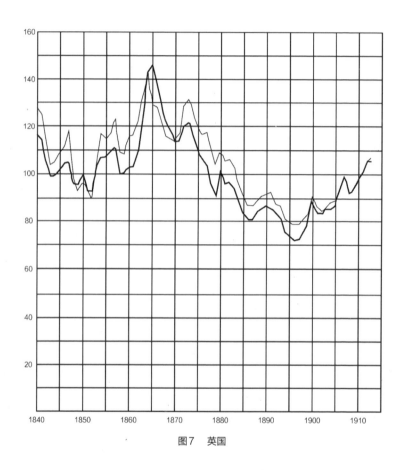

图7 英国

非常厉害，从而导致1861年到1865年间美国物价翻了一番。[1]

　　刚提到的三个国家——英国、美国和加拿大的物价数据最好，其数据有显著的家族相似性，因为，从总体上看，它们每一个的数据都跟世界平均水平数据格外一致。

1　绿背本位存在于1862年到1878年的美国。——作者

　　其他国家或地区的图表所依据的统计数据并不好，因为这些数据通常统计的商品不够多。这可能解释了为什么在其中一些国家或地区，没发现上述数据那种高度一致。要是数据更完备，可能就会更一致。然而，即使绘制这些曲线的数据有所欠缺，总体上，这些国家或地区的价格水平（如细线所示）还是跟世界平均价格水平（如粗线所示）惊人相似。

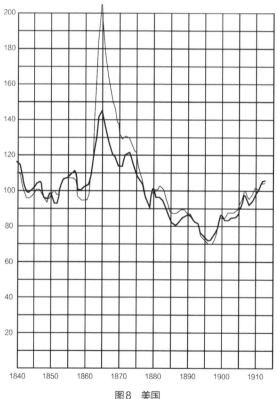

图8　美国

最惊人的事实就是，各国价格走势的这种相似性。因此我们有很好的理由怀疑，这背后有某种全球性的共同因素在起作用，比如黄金供应，而不是不同国家的地方因素，比如干旱、关税、信贷等，碰巧同时发生。

然而，应该指出的是，在19世纪90年代中期之前，印度和日本的曲线与世界曲线不一致。差异原因将在本节稍后解释清楚。

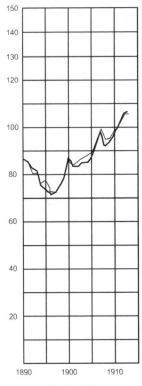

图9　加拿大

在我们有统计数据的所有金本位制国家中,1789年以来价格走势的主要时期可大致以下表第一列所示进行划分。我们不可能获得货币流通数量的精确统计数据,更不用说信用货币和交易量的数据了,更不用说货币和存款流通速度的数据了。因此,下表仅在最后一列记录了金属货币存量增长与否。[1]

时期	价格	欧洲金属货币存量
1789—1809	上涨	增加
1809—1849	下跌	稳定
1849—1873	上涨	增加
1873—1896	下跌	略微增加
1896—1913	上涨	增加

现在的问题是:上表事实是否与我们的价格水平理论一致?尽管我们没有关于交易量和流通速度的确切统计数字,也没有关于银行券、政府纸币和存款货币数量的统计数字,但上表说明,这种一致性在某种程度上还是比较明显的。

不过,我们知道,现代银行业在法国大革命之前几乎完全没有发展,但在整个19世纪却迅速发展。我们还知道,相比于表中的第四阶段(1873—1896),第三阶段(1849—1873)的银行业务发展更快,存款通货的增长也更快。而这个事实有助于解释这两

1　*History of Precious Metals*, Alexander Del Mar, p. 449. ——作者

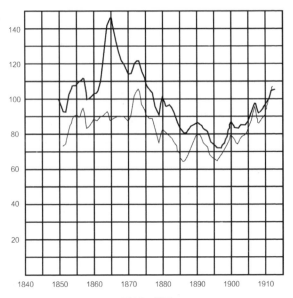

图 10　德国

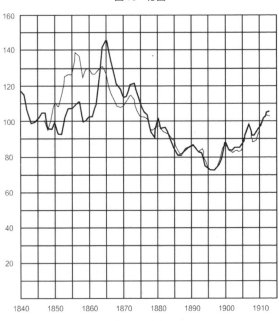

图 11　法国

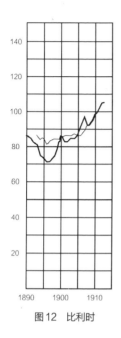

图12　比利时

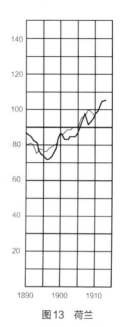

图13　荷兰

个时期在价格变动上的差异。

有时，流通媒介的增长远超贸易增长，物价因而上涨。1789—1809年、1849—1873年和1896年至今（1913年）这几段时期正是这样。我们都知道，这三个时期流通媒介的增长速度异常快，同时又没有理由相信交易量也增加这么快。事实上，最后这段时期，也就是我们现在生活的这段时期，有充分的的证据表明，贸易（的增长）落后于交易媒介（的增长），并且落后的数量恰好能解释物价的上涨。

另一方面，我们可以合理推断，在1809—1849年和1873—

1896年，流通媒介落后于贸易，因为前一时期，流通媒介的存量根本没有增加，后一时期也只是略有增加，而有证据表明这两个时期的交易量都增加了。

因此，19世纪的价格走向可总结如下：

1. 1789—1809年，物价飞速上涨。杰文斯的英国指数数据提供了第一张准确的价格走势图，物价指数从85增加到157。物价在20年内翻了一番。毫无疑问，这段时期物价上涨是由于黄金和白银存量增加，而存量增加又是由于这段时期跟之前或之后的时期

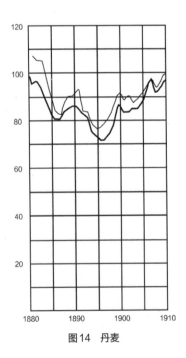

图14 丹麦

相比，产量更大。白银的产量尤其大。此外，拿破仑战争摧毁了财富，同时干扰了贸易，可能在同一方向上产生了一些影响。

2. 1809—1849年，物价下跌。英国的物价下跌由杰文斯算出，物价指数从157跌到64。40年，物价跌到不到原来的一半。这很可能是因为贵金属生产停滞，阻止了贵金属总存量跟上交易量的增长。确实，这段时期总存量保持稳定，而交易量必定已经大大

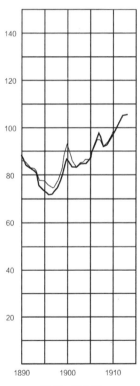

图15　意大利

增加。在这种情况下，就连银行通货的增长也不足以抵消交易量的持续增长。有趣的是，该时期的价格下跌趋势一度被1833年后的短暂上涨打断。杰文斯找不到原因，我认为这或许可以用西伯利亚在1830年发现金矿后，俄国黄金流入英国来解释。

3. 1849—1873年，物价上涨（虽然期间有两次明显的中断）。根据杰文斯的数据，并辅以绍尔贝克的数据，物价从64涨到86，

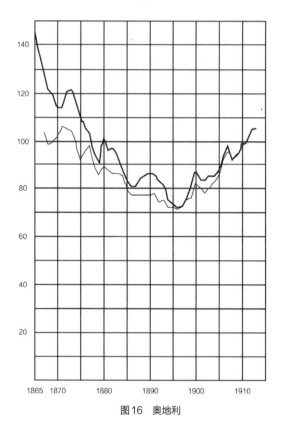

图16　奥地利

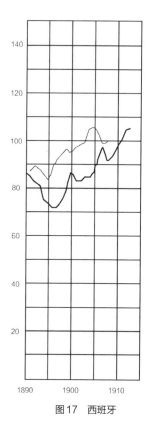

图17　西班牙

涨了1/3；但如果只用绍尔贝克的，物价从74增加到111，涨了1/2。其他在这段时期有统计数据的国家——德国、法国和美国也出现了类似的上涨。这种上涨可能是1849年著名的加利福尼亚金矿以及1851年和1852年澳大利亚金矿被发现后的黄金通胀所致。此外，同期银行业的高速发展也推动了这种上涨。

4. 1873—1896年，所有金本位国家的物价均下跌。这种下跌可能是因为：黄金产量的下降；有些银本位国家在这个时期转向金本位，从而从旧金本位国家取走黄金；银铸币厂关闭，抑制了银币的膨胀；银行业务增长放缓；贸易至今都在增长。

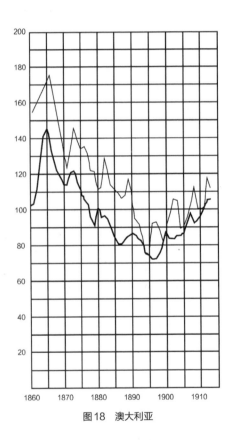

图18　澳大利亚

1873—1896年物价长期下跌期间，采用金本位的国家一个接一个。德国在1871—1873年采用了金本位，并因此使得拉丁同盟（法国、比利时、瑞士、意大利和希腊）的复本位制更无以为继。斯堪的纳维亚货币联盟于1873年采用金本位。从那时起到1878年，拉丁同盟国家中止了银币的自由铸造，这实际上相当于采用金本位了。在美国，1873年白银的非货币化，即所谓"1873年恶法"，标志着该国在恢复金币支付（1879年正式实施）后将成为金本位国家。荷兰实际上在1875—1876年就采用了金本位，埃及是1885年，奥地利是1892年，印度是1893年，智利是1895年，委内瑞拉和哥斯达黎加是1896年，俄国、日本和秘鲁是1897年，厄瓜多尔是1899年，墨西哥是1905年。事实上，如今（1913年），绝大部分重要国家都明确采用金本位。

上表数据仅适用于黄金国家。但在1873年左右，黄金和白银分道扬镳，复本位制不再将他们维系在一起。因此，有意思的问题是：白银国家的价格走势是否跟黄金国家一样？答案是不一样，正如前面印度和日本的图表所表明的，也如那些意识到物价变动有其货币面的人所预想的。如相对指数所示，印度的物价从1873年的107上升到1896年的140；日本则从1873年的104上升到1896年133；中国从1874年的100上升到1893年的109。这些数据虽然不如黄金国家的数据可靠和具有代表性，但在表明白银国家价格上涨方面彼此一致。涨幅有所不同，大致在10%到36%之间。下表列出了1873—1876年、1890—1893年，黄金国家与白银国家的价格数据，从整体上比较了这两类国家的价格。最后一年——

1893年，是印度关闭白银铸币厂的时间。

	黄金国家	白银国家
1873—1876 年	100	100
1890—1893 年	78	117

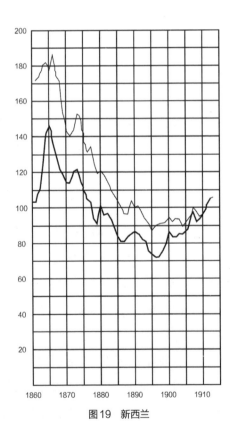

图19　新西兰

　　可以看到，黄金国家的价格下跌超过20%，而白银国家上涨了不到20%。如果通过某种方式将黄金和白银维系在一起，比如世界范围内的复本位制，那么黄金国家的价格就不会下跌那么多，或者白银国家的价格就不会上涨那么多（如果有上涨的话）。

　　日本加入黄金国家后，印度实际上也重新加入这个阵营中。1890年代，这两个国家的价格走势与其他金本位国家的价格走势一致。至于1873年前的统计数据，除了罗伯逊从1861年开始为印度统计的数据外，东方似乎没有其他可用的统计数据。这些数据

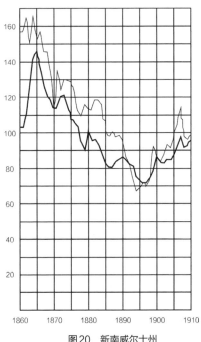

图20　新南威尔士州

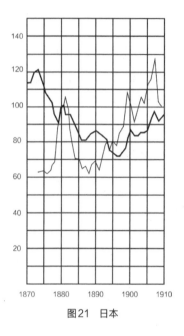

图21 日本

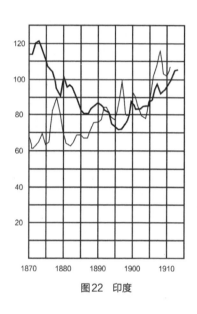

图22 印度

表明，1861—1873年印度的价格变动与同时期西方世界的价格变动存在相似之处。如果有日本学者制定出1873年之前的日本物价指数，那就有意思了。我们就可以凭此判断出，在较早时期，也就是在法国还实行复本位制，因此东西方之间还具有稳定的汇兑平价[1]时，东西方的价格变动是否一致。就现有数据来看，我们发现，当东西方的货币本位分离时，两者的价格走势趋异；而当货币本位一样时，价格走势趋同。没有什么能比这些数据更好地说

1　在各国采用金本位制度的时代，汇兑平价指各国货币的金平价，亦即以一国本位货币每单位所代表的法定金量与他国本位货币单位法定金量的比率。

明货币本位对价格变动的巨大影响了。

5. 从1896年至今（1913年），价格一直在涨。下一节将讨论导致其上涨且至今仍在起作用的原因。

三、现阶段的价格走势

现在我们来讨论1896年或1897年开始至今的价格上涨，这次上涨引起了世界各国人民对"生活成本高昂"的抱怨。这种上涨与1873—1896年的下跌形成鲜明对比。过去18年，在我们有统计数据的每个国家（所有金本位国家），价格都在快速上涨。如前面的图表所示，1896—1913年，德国价格上涨65%，美国上涨50%，加拿大和法国上涨45%，英国上涨35%。

显然，并不是所有数据在程度上都与此变动数据一致，但至少方向上是一致的。

如果所有国家使用的是相同的统计系统，那么其价格变动的一致程度可能比现在统计出来的还要高。这一点可以从下列事实合理推断出来：同一国家采用两种不同的统计方法得出的数据，其差异往往比不同国家间的数据差异还要大。比如，加拿大与美国在价格走势上的统计数据差异，就没有绍尔贝克与英国贸易委员会统计的英国数据差异大，也没有"胡克"或"汉堡"统计的德国数据差异大。

当然，有些物价没有上涨，而是下跌了。而其他物价则涨得比平均水平多。尤其是农产品和林产品，价格几乎翻倍。证券价格也有所波动，有的涨有的跌。公共和私人债券价格均下跌。总体上，绩优股的价格上涨。我们决不能犯这样的错误：当问题涉及的是一般价格水平时，只关注特定商品的价格。

我们也决不能被一些廉价的格言警句迷惑，比如有些试图使我们相信：没有高昂的生活成本（high cost of living），只有"高贵生活的成本"（cost of high living）。生活水平已提升，这一点毋庸置疑，但同样没理由怀疑的是，物价在上涨。换句话说，购买一给定数量的主要商品的实际成本比18年前要高；再换句话说，货币的购买力下降了。

真实情况也可能（甚至很可能）是这样：从整体看，我们收入的购买力增加了，使得实际拥有的物品比以前多。但如果是这样，也不是因为物价下降了，即不是因为货币购买力增加了，而是因为国民平均收入中的货币数量增加了。[1]

跟着，一个清楚的事实是，世界各地的物价都在上涨。而任何在全世界都发生的事情，似乎都有一个全球性的原因。

符合影响价格水平原理以及以往所有人类经验的原因只有一个，那就是通货膨胀——货币和信贷通货的膨胀。事实上，根据我们已有的统计数据，美国物价上涨完全是应该预料到的，这可以从已知的货币和存款数量、它们的流通速度及交易量的变动中

1　更多关于工薪阶层的事实，请见本章附录。——作者

得出。[1]

过去18年的美国，我们能对其交易方程式中的所有因素——M、M'、V、V'、P、T进行相当准确的估计。这18年的统计数据如图23所示。每一年的交易方程式用机械天平表示。

我们注意到，这18年间，每个因素的值都大大增加：流通货币数量（M）几乎翻倍，它在图中由钱包表示；支票存款（M'）约为原来的3倍，它由存折表示；交易量（T）约为原来的2.5倍，它由右侧重物表示；货币流通速度（V）略微增加，它由钱包到支点的距离或者说由钱包力臂表示；银行存款的流通速度（V'）增加约50%，它由存折力臂表示。

这些变化最终导致的结果就是，价格指数（P）或右边重物的力臂增加了2/3。将1909年物价水平设为100%，按此比例计算，1896年为60%，其他年份的如图23所示。[2]

让我们用因果关系来表述这件事。图23提供了一个事实，即尽管交易量增长了（增长量由托盘增加的重量表示），货币、存款

1　完整的讨论请见《货币的购买力》第十二章及其附录；此外还可参见我在1911、1912、1913、1914年6月发表在《美国经济评论》（*American Economic Review*）关于交易方程式的相关文章。——作者

2　从1896年至今（1913）增长了75%左右，超过批发价格的增长，这主要是因为现在使用的统计数据除了批发价格，还包括股票价格。每年的交易量是以1909年价格为基准的美元价值表示。因此，1909年实际交易价值为3 870亿美元，即3 870亿由各种商品构成的单位，其中每单位在1909年值1美元。1912年的交易是4 500亿单位（即在1909年值1美元的单位）。类似的，1896年的交易是1 910亿个这种单位。正如价格指数所表明的，1896年的价格水平仅为1909年的60%，因此，1896年，交易的实际价值为1 146亿美元。这是1896年的PT，即1 910亿单位（每单位值1909年的1美元）的60%（也就是1896年每单位的价格）。——作者

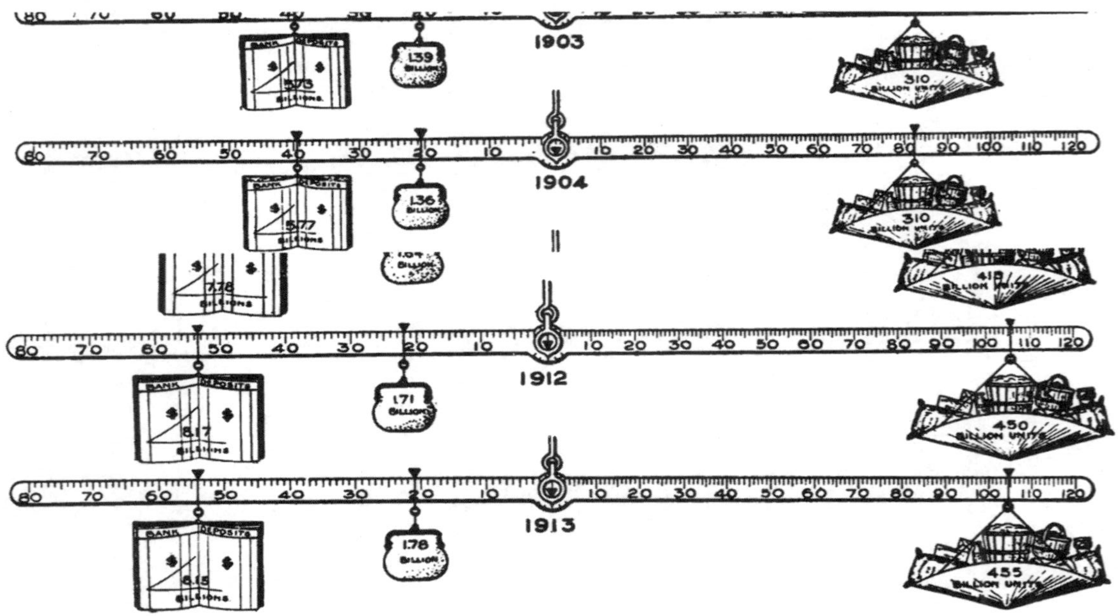
1903
1.39 BILLION
310 BILLION UNITS
1904
1.36 BILLION
5.77 BILLIONS
310 BILLION UNITS
7.78 BILLIONS
1912
8.17 BILLIONS
1.71 BILLION
450 BILLION UNITS
1913
8.15 BILLIONS
1.78 BILLION
455 BILLION UNITS

图23

及其流通速度增加（增加量分别由钱包增加的重量、存折增加的重量、两者到支点所增加的距离表示）还是迫使平均价格上涨了（上涨量由托盘到支点所增加的距离表示）。

对于美国以外的其他国家，我们没有这五个因素的准确数据。不过，我们的确知道，从总体上看，货币量（M）在文明世界一直在快速增长。我们几乎没有货币相关数据，不管是金属货币还是纸币。埃德蒙德·泰里最近有篇文章，在1914年4月18日被译为英文，发表在《市场世界报》。这篇文章指出，世界黄金货币在1902—1912年增加了54%。他还指出，欧洲银行发行的银行券在同一时期增加了55%，从31.3亿美元增加到48.6亿美元。泰里还有一项研究[1]表明，近些年，金本位世界的流通货币总量年均增长率为2.5%。

我们还知道，支票存款（M'）也大大膨胀了。上述文章中的统计数据表明，近些年，金本位世界的支票存款以每年8%的速度增长。据泰里估计，欧洲银行持有的商业票据，从1902年的900亿美元左右增长到1912年的1 500亿美元左右，增长了69%，年均增长率近6%。虽然这些数据只是粗略的估计，但泰里认为大体上是准确的。虽然它们只是商业票据或银行贷款的估计，而不是支票存款的估计，但后者的增加量很可能至少跟前者的一样大。

这篇文章还表明，我们有理由相信货币和存款的流通速度增

---

1 "Will the Present Upward Trend of World Prices Continue?" *American Economic Review*, September, 1912. ——作者

加了，尽管不可能知道确切的增长率。

另外，据该文估计，交易量有所增加，但速度比货币和存款慢得多。

可以看出，数据越准确，就越准确地支持我们的理论，即价格上涨是因为黄金和信用的膨胀。

附　录

本书的主要目的是研究"美元"的购买力，而不是以美元衡量的收入。但为供读者参考，我们根据已有的最佳数据制作了图24，画出批发价格、零售价格和货币工资三条曲线。粗线表示1840—1907年货币工资的走势（1907年是美国劳工局公布的最新数据所属年份）。将该曲线与批发价格曲线相比较，我们得出：

1. 从1840年到美国内战爆发，工资上涨，物价下跌，因此，实际工资涨了，工薪阶层因此获益。

2. 内战期间，物价涨速远超工资，因此工薪阶层利益受损。之后，物价跌得比工资快，工薪阶层因此获益。

3. 1879—1896年，货币工资上涨，物价下跌，工薪阶层再次获益。

4. 1896年至今（1914年），物价增速比工资快，尤其是零售价格，因此工薪阶层受损。1890年以后的零售价格，在图中由虚线表示。

从图中可以看出，总体上，无论是向上还是向下，物价的变动速度都比工资快。这种工资落后于价格水平的倾向，使得工薪阶层在物价下降时成为受益阶层，在物价上升时成为受损阶层。

除工薪阶层外，我们没有任何其他阶层的收入统计数据，但物品的生产和消费数据表明，所有阶层的平均收入都增加了。

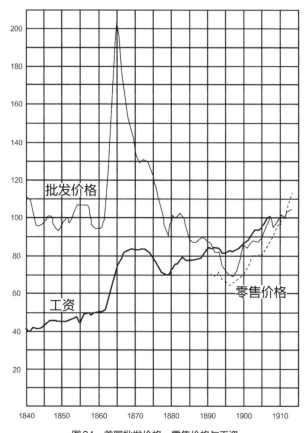

图24　美国批发价格、零售价格与工资

第十一章
现阶段价格走势的困惑

一、对生活成本高昂的流行解释的谬误

如果我们的分析是对的，那么过去18年中美元缩水超过三分之一，就是由于货币和信用的膨胀，或换句话说，实现交易的手段[1]超过实际交易量所需要的数量。该结论不仅符合我们的抽象分析，也符合我们发现的事实。这些事实表明，美国使用的货币和支票，平均每年增长9%，而交易仅以平均每年5.5%的速度增长，因此导致实际价格年均增长3.5%。

但这个结论反对者不会满意，我们得站在他们的角度来回应其反对意见才行。大多数人认为，上面对生活成本高昂问题的解释，基于完全错误的原理。他们试图用平时解释特定物品价格上涨的那套论证，来解释一般价格的上涨。他们没有意识到，本书要阐明的一个真理是，通过诉诸影响特定物价的特定力量来解释

---

1 指的就是作为流通和支付手段的通货。

物价的普遍上涨，就像用那些产生个别海浪的力量来解释海潮的上涨一样，是徒劳的。打个比方，为了解所有商品的总体变动趋势，而对每一种商品进行微观研究，就是只见树木，不见森林。再打个比方，认为某一物品价格上涨推高了一般价格水平，就跟认为一个人上楼拉高了地表差不多。事实上，他是把地表压低了，但压低的距离无穷小，因此，他和整个地球一起的重心并没有受到影响。如果有必要，我还可以证明，在有些情况下，特定物价的上涨往往压低了其他物价的总水平。比如，粮食短缺，在抬高食物价格的同时，往往也压低了其他物品的价格，因为更多的收入被用在食物上，花在其他物品上的收入就会变少，而这反过来又导致对这些物品的有效需求减少。

反对者对生活成本高昂还有另一种解释，简单讲就是，"供给和需求说明了一切"，每个个别价格由供求决定，而这些价格加起来就形成了一般价格水平。然而，那些诉诸供求关系从而避免牵扯到货币因素的人，却忽略了一种非常重要的供求——黄金的供求。他们忘记了，在当下这个制度（金本位制度）下，黄金的供求无法影响黄金本身的价格，因为标金（纯度为9/10）的价格被法律固定为18.60美元/盎司。注意，这里的美元为金币。而18.60其实就是要得到1盎司（480格令）的黄金，1金元重量（25.8格令）要乘上的倍数。这种对金价的强行固定，完全阻止了黄金供给增加对其价格的自然影响。如果是白银的供给增加，白银价格往往会因此降低，但黄金供给的增加并没法降低黄金的价格。既然黄金的供给增加没法降低黄金的价格，因此，黄金供给增加，像过去一样，会转而抬高其他用黄金计价的物品的价格。

二、对生活成本高昂的流行解释

为了让各种说法都能得到回应，我们先讨论一下那些通常用于解释生活成本高昂的原因：关税、信托、工会、缩短劳动时间、中间商、冷藏、铁路运输变长、电话营销、免费送货系统、独立包装、卫生法、牛结核菌素试验、腐肉处理、卫生的牛奶、广告、不科学的管理、淘汰再制黄油和"腐烂""长斑点"的鸡蛋、食品掺假、战争、军备、奢侈、人口向城市集中、土壤贫瘠、城镇农民被迫迁移（失业）、农民妻子不再参与竞争黄油制作或家禽饲养、干旱以及土地成本高昂。

我们将按上述顺序简要讨论这些原因。

先讲关税。的确，关税就像水坝一样，往往会"堵住"一国货币（外流），从而提高一般价格水平，正如前几章所解释的。不过不用说，关税这种影响价格水平的方式，对那些将责任归于关税的人来说很陌生。他们几乎不考虑其他任何影响货币数量的因素，而只考虑关税。他们认为，关税往往会让个别物价保持在较高水平（在有些情况下的确如此），从而抬高了一般价格水平。如上节所述，这种从个别物价到总体物价的推理是错误的。此外，美国的关税不能对世界价格上涨问题负责。不管是在高关税国家还是低关税国家，物价都在上涨。

同样，信托也不能对全世界价格上涨负责。不管在有信托的国家还是没信托的国家，物价都在上涨。此外，信托产品价格上涨的幅度显然比一般商品低。不过，在美国，信托确实大大增加了流通证券（可转让证券）的供给，而这些证券被用作银行贷款的抵押证券，成为存款的基础，因此助长了信用膨胀。然而，信托这种提高物价的方式，对那些将责任归于信托的人来说也是很陌生的。他们断言，信托能任意提高物价，而且它们在提高个别物价上所能做的，往往也会提高一般价格水平。

工会及其限制产出的企图，也不能对我们要处理的如此巨大的影响负责。首先，工会不是过去十几年才有的现象，它们在之前物价下跌时期就存在了；其次，过去18年，工会造成的任何影响只限于美国、英国和其他一些在该时期工会活动有所增加的地方，并没法对像印度这样的国家的价格上涨负责。

可以想象，减少劳动时间能减少疲劳，从而提高劳动生产力，增加交易量，因此往往是降低而不是提高价格。但工会的错误是，他们将缩短工作时间当成限制产出的手段。这是他们损害自身利益的"放松"政策的一部分。当然，这也有减少交易量的倾向，根据交易方程式，这种倾向会提高物价。然而，我们不能将生活成本的上涨归结于交易量的减少，因为事实上交易量并没有减少。

近几年，中间商受到很多指责。中间商作为一个整体，其利润是否比以前多是一个公平问题。为讨论方便，就算过去18年中间商的利润大大增加——不仅绝对值上增加了，而且相对于物价上涨（即考虑了物价上涨因素后）也是增加了，其影响也只是让零售价和批发价分离而已。但在这里，无论理论倾向如何，事实并没能看出批发与零售间的价差相当大。批发价当然没有下跌，而是上涨了，而且似乎上涨速度几乎跟零售价一样快。

冷藏之所以受到指责，仅仅是因为在一年中的某些季节，零售商告诉愤怒的顾客，只要冷库的人扣压大量货物，他就不能降低价格。然而，事实上，冷藏的作用并不是提高价格，而是熨平价格：在一些季节提高价格，不然价格就太低；在其他季节则降低价格，不然价格就太高。

据说，铁路运输变长、电话、免费送货系统、独立包装、卫生法、牛结核菌素试验、腐肉处理、卫生的牛奶、广告、不科学的管理、淘汰再制黄油和"腐烂""长斑点"的鸡蛋，也都是生产成本增加的原因。为简单起见，我们可以忽略下列事实：这些变化中有许多提高了质量，可以说给了消费者某种补偿。但有个事实我们不能忽视，即所谓生产成本的增长，要么本身就很小，要么在生产过程中，被其他地方所节省的开支轻松抵消（还不只是抵消），原因很简单：今天生产物品的实际成本——即按劳动力计算，无疑要比18年前低得多。我们不能简单地用钱来衡量生产成本，我们还要考虑美元所丧失的购买力。否则，我们就是在绕圈圈（循环论证），试图通过劳动力价格的上涨来解释物价的上涨，或者相反。

在所有对生活成本高昂的解释中，用生产的货币成本高昂来解释最肤浅。这种解释，仅仅是用一相关物价解释某个物价而已。我们承认，许多物品价格是相互关联的。面包价格跟小麦价格相关，其中一个会随另一个的变动而变动。如果其中一个没有大幅上升，另一个也没法大幅上升。但是，如果面包师告诉我们，面包价格上涨，是因为小麦价格上涨，那么他其实既没解释面包价格上涨，也没解释小麦价格上涨。他只是把解释这件事丢给跟他无关的另一件事物而已。当然，商人有义务研究对其经营的产品价格有影响的直接原因（近因），但如果我们想要解释价格变动，我们必须看得更远，跳过这些近因去找更远的原因（间接原因）。换句话说，如果面包师真的要解释面包价格的上涨，他也必须解释小麦价格的上涨，他不能把解释的任务推给另一种商品。这种方法永远没法触及问题的根源。这只是在不停地转移解释。这就像古代哲学家说地球是由一个巨人举起的解释一样。当被问到那是什么支撑巨人时，他们说他是站在一只乌龟身上。我们仍然需要知道是什么支撑着乌龟，不管我们往前追溯多少步，只要我们不得不假设存在另一个支撑物，我们就没法得到根本的解释。我们要解释的，其实是所有物品（即整体）的价格上涨。杂货店老板说他之所以要价高，是因为别人给他的价格本身就高了。而这种说法对我们没有多大帮助。当然，零售商喜欢把责任推给批发商为自己开脱，而批发商则解释说他的生产成本涨了，把责任推给了大批发商[1]，说他们要价高了。大批发商则将责任归咎于生产商，而生产商就说它的工资支出涨了。可是，即便追溯到这，也没有给出任何最终结果。领工资的人告诉我们，他们必须获得更

---

[1] Jobber，指直接从厂家采购大量货物的批发商。

高的工资，因为各种物品的零售价格更高了。因此，这种解释高生活成本的努力只是回到了高生活成本本身。

这样的推理让人想起几年前的一幅漫画，漫画中几个男人围成一个圈，每个人身上都贴着标签，并用手指责他旁边那个人，从零售商到批发商，再到大批发商，然后到生产商，再到领工资的劳动者，然后又再次回到零售商。

食品掺假实际上是上述改善食品质量的方法的反面。如果改善食品提高了价格，在食品中掺入廉价成分则应该会降低食品价格和质量。至于为何说食品掺假提高了生活成本，至今没有确切的解释。这说明，人们可以随随便便就把任何时事说成是造成生活成本高昂的原因。

战争和军备是一种浪费，但这种浪费持续的时间远远超过物价上涨持续的时间。这些因素往往会降低交易量，但其影响被极度夸大了。这一点显而易见：一是尽管和平时期用于战争军备的开支有所增加，但交易量大大增加了；二是新增的这些战争军备开支，虽然看起来巨大，但跟交易量相比还是极小。过去十五年，战争军备每年可能增加几亿美元，但仅在美国，交易量就接近5 000亿美元。

战争不是生活成本高的原因，反过来，生活成本高有时才是战争的部分原因。众所周知，高昂的生活成本在全世界引发的不满，造成粮肉骚乱，引发暴力事件，加速了政党倒台，而且可能是欧洲叛乱和战争爆发的一个因素。据说，中国辛亥革命的爆发主要是由于大米价格上涨，而米价的上涨，是因为当时中国一直深陷通货膨胀之中。

奢侈也不是过去18年才出现的事情。早就有奢侈品了，只不过在它们存在的早期，物价下降了，而近18年来物价上涨了。

过去二三十年间，奢侈增长，部分是由于在实际财富上，当今世界比过去更能享受奢侈，部分是由于价格上涨本身已经将财富转移到能轻易消费的阶层手中。就第一个原因展开来讲，人们今天在汽车、电灯、浴缸等上花费更多的原因之一是，这些现代便利工具直到最近才得到完善和普及。20年前，人们没有把钱花在汽车上，是因为那时候汽车不存在。今天汽车的普及意味着发明和财富，而不是奢侈作风的增长。

谈到奢侈增长的第二个原因，我们可以说，只要在大方向上真的有增长，那这种增长是生活成本高昂的征兆或影响，不是原因。当物价上涨时，工资、利息和租金（的上涨）往往滞后；结果，企业家获利，因为这些费用的增速不如企业家的产品价格的增速快。企业家、投机者、敢冒险的人，凭借物价上涨获益一段时间，成了特别喜欢炫耀和奢侈的阶级。简而言之，将高昂生活成本归因于高贵生活的成本，是颠倒了因果。

人口向城市集中据说也增加了生活成本，说是它减少了生产者数量，增加了消费者数量。的确，向城市迁移通常会减少农产品的数量，然而，事实是农产品有所增加。此外，城市居民不只有无所事事的消费者，还有制成品和其他产品的积极生产者，而这些产品的价格实际上也上涨了，尽管没有农产品涨得那么快。

接下来谈谈土壤贫瘠、城镇农民被迫迁移（失业）以及农民妻子不再参与黄油制作或家禽饲养的竞争。认为农场（包括作为生产主体的农民及其家庭）已经失去养活世界的能力是个巨大错误。事实并没有证实农场产品有任何减少。相反，罗马国际农业研究所以及美国农业部的数据都得出了完全相反的结论。的确，1910年的人口普查数据显示，与1900年相比，人均农产品数量有所下降。但美国农业部纳撒尼尔·默里的研究表明，这两个统计年份间的比较并不典型。此外，英国经济学家乔治·佩什爵士提供了英国的统计数据显示，过去18年，谷物总产量增加了54%。这意味着，谷物产量每年增长2.5%，而人口每年才增长1%。将过去几年（1914年前的那几年）跟1890年代相比，我们发现，无论美国还是其他国家，都没有农产品数量减少的证据，但绝对数量或相对人口的数量增加的证据俯拾皆是。

干旱被认为是高物价的原因，但干旱太具地方性和临时性了，说它是全球范围内长达18年的物价上涨的原因，实在经不起推敲。

最近有位作家强调了土地的高成本，特别是在城市。他声称，土地成本数据"绝对证明"了高生活成本就是高土地成本造成的，但他完全忘记了一个事实：在他拿来跟现在的房地产价格比较的历史时期，生活成本比今天还高！过去18年里，房地产成本确实上涨了，但我们必须记住，当其他一切物价都上涨时，土地价格也必然上涨。许多人不知不觉就掉进了那个十分常见的陷阱：用一个价格（一种物品价格）的上涨来解释另一个价格的上涨。而土地成本这种解释，就是这个陷阱的又一个例子。这就像马萨诸塞州的渔民把该州的涨潮，归因于缅因州海岸的涨潮，并错误地将其作为涨潮的一般解释一样。没错，如果缅因州海岸的潮水上涨，马萨诸塞州海岸的潮水也必涨。但是，反过来说也同样正确，所以两者的上涨根本就没被解释。用某一特定价格上涨的简单事实来解释一般价格的上涨是没有用的。我们必须找到那个提高所有价格的根本原因。

我们已经看到，这个原因就是通货膨胀，货币和信用的膨胀。这一点已经被大多数经济学者接受，但尚未为公众所认识，一部分原因是他们被刚才讨论的谬误和粗心的说法误导，但更多是因为他们不理解影响货币购买力的原理或历史事实。

本书的目的就是尽可能简单地阐述这些原理和事实。简言之，本书目的是表明：

1. 一般价格水平（P）由交易方程式中的其他因素——货币、存款、它们的流通速度，以及交易量（分别是 M、M'、V、V'、T）决定。

2. 就我们现有的证据看，历史事实是与上述结论一致的，特别是：物价在新的金矿被发现或信用膨胀后就上涨；在货币或信用紧缩后就下跌；在采用相同货币本位的国家中，物价变动相似；在货币本位（金、银、纸币）不同的国家中，物价变动不同；在那些有所有物价水平影响因素（即 M、M'、V、V'、T）数据的地区，每一年的物价变化都几乎完全跟理论相符。

3. 解释高生活成本的其他理论都与事实不符。

生活成本高昂的真正原因不被普遍理解，这是完全自然且不可避免的，原因很简单，很少有人掌握货币科学及其历史。同样的误解在价格革命时期总是出现。菲比·舍文在其《伊丽莎白时代的文学职业》中提到伊丽莎白时代——当时物价上涨的方式跟今天差不多，原因也差不多。她是这么说的：

> 生活必需品的匮乏（即昂贵）[1]是伊丽莎白时期作家经常谈论的一个社会话题。面对这么一个繁荣的国度，他们显得困惑，不知怎么解释它。

两代人之前，加利福尼亚和澳大利亚的黄金开采导致了世界通货膨胀，当时有项研究揭示了当时普遍存在的困惑，跟现在人们的困惑十分相似。此外，很多人还记得，一代人以前，当时价格的长期下跌被错误地归咎于各种稀奇古怪的原因。

三、错误信念的后果

话说回来，虽然对生活成本高昂的原因，全世界的人完全被误导或感到困惑，但被误导和困惑这个事实本身就具有重要意义，并造成政治、社会、经济上的许多重大后果。就像19世纪八九十年代对价格下跌的误解导致1896年的自由白银运动，推动了爱尔

1　原文"匮乏"用的是"dearth"，"昂贵"是用"dearness"。两个单词很像，又契合理论，因为"物以稀为贵"。

兰的土地骚动和自治运动，现在对价格上涨的误解也导致在不同地方出现各种提议。这些误解刺激了对降低关税的诉求，这在美国已经起作用，而在其他国家，特别是德国、法国和日本，民众仍在不断给政府施加压力。另一方面，在英国，高生活成本却被当作其加征关税以鼓励国内生产的理由。不管在什么地方，一有动荡，就有人提议要改变各种事情的现状，让它们变得"更好"。

在推动社会主义发展上面，或许没有比生活成本上涨的力量更大的了。工人们被告知上涨是由于"资本主义"，并被鼓动跟资本主义做斗争。最近，有位社会主义者跟我说："我完全明白生活成本高主要是由于黄金产量增加和全球的通货膨胀，但这是一股不正之风，它没有给一些人带来什么好处；当我在德国或其他地方看到高生活成本被当作工具来鼓动工人成为社会主义革命者，我并不觉得有太大问题。"

工薪阶层的不满和不安的确很严重和普遍。如前所述，它导致德国、奥地利、法国和日本的粮肉暴动。拜伦·霍尔特，七年前在他一篇引人注目的文章中预测："一个物价长期快速上涨的时期，定会顺理成章地成为一个不安、不满、骚动、罢工、暴乱和战争的时期。"

然而，不满的并不仅仅是体力劳动者。各种领薪水的人——职员、教师、公务员等也遭受同样的不公，很是恼火。投资债券的信托基金的受益人，如寡妇、孤儿，以及受资助的机构，如大学、医院，都遭受损失，因为物价在上涨，它们的利润却没变。债券和抵押贷款变得不受欢迎，价格大幅下跌。有一家优秀的人寿保险公司由于这种贬值，损失了大约5 000万美元。即使是铁路公司，也发现在目前的价格下做生意有困难，因为它们的价格是由法律固定，而成本却随一般价格水平上升。这就是铁路公司请求批准它们提高价格的根本原因。

　　由于这些原因，以及物价上涨造成的实际不公（通过分配的干预，以及不易觉察的财富转移——从固定货币收入者转移到社会其他成员），知道物价上涨是否会持续下去，就变得至关重要。这个问题将在下一章探讨。

第十二章
未　来

一、货币

由于缺乏足够完整的数据，我们很难彻底回答物价是否会继续上涨。然而，在欧洲和美国有千根统计稻草，从中能清楚看出风往哪吹。

这一证据考虑了所有可能影响一般价格水平的主要因素。只基于一种因素的预测是最没有价值的。因此，尽管黄金是一个重要因素，但如果（一般价格水平）预测只是基于对未来黄金产量的预测，就没有什么价值。想要预测未来，我们得考察交易方程中影响价格水平（P）的五个因素的前景。这五个因素是：货币（M），货币流通速度（V），支票存款（M'），支票存款流通速度（V'），交易量（T）。

我们的研究得出一个一般结论：通货膨胀未来注定会持续下去，也就是说，方便交易的工具的增速可能远超业务所需。据我们估计，从整个世界来看，货币和替代货币的信用（即支票）的增长将超过交易量的增长，每年可能超后者达2%，因此每年物价上涨约2%（可能低一些，也可能高一些）。美国比较特殊。未来几年，其价格水平的上升很可能会因1913年关税降低（《安德伍德关税法》）而受阻，导致黄金流出和通货紧缩，尽管新的通货法（《联邦储备法》）将倾向于扩大银行存款，从而延长通过黄金流出进行调整的时间。在达到新的平衡后，新一轮的物价上涨很可能会再次开启。

我们可以对证据进行简单检视，来证明这些结论是正确的。

首先，我们考察未来世界的货币供应。货币供应将受到金矿开采和货币制度变化的影响。有理由相信，黄金产量已经达到最大值，并可能在未来逐渐下降，但如果草率得出"因此价格必定下跌"的结论，那将是一个巨大的错误。1913年世界黄金产量报告激动人心——许多人欢喜许多人抱怨，报告显示产量减少显然已经发生。但报告中的观点忽视了一个事实，即真正影响物价的，并不是黄金的年产量，甚至不是每年被吸收到世界通货中的黄金数量，而是黄金货币的总存量。在黄金产量下降很久以后，世界黄金货币的存量可能还在增加，就像一个湖在（流入其中的）山洪开始消退后的很长一段时间水位还在继续上涨。尽管洪水在减退，但只要其流入速度仍比蒸发和其他排水渠流出的速度快，湖泊就会被注满（即水位会继续上涨）。我们把世界黄金货币存量比作一个大湖，即使是在金矿即将耗尽的时候，只要金矿向湖中注入黄金的速度，比黄金消费和损耗（而流出）的速度快，大湖就会被注满。

目前对黄金开采情况最细致的调查表明，黄金通胀预计可能将持续一代人或更长时间。1908 年，德劳奈在《世界黄金》一书中写道："至少在未来三十年，我们可以指望黄金产出比过去几年的黄金多，或至少与之相当。"这些黄金将来自美国、阿拉斯加、墨西哥、德兰士瓦和非洲其他地区、澳大利亚，再往后就来自哥伦比亚、玻利维亚、智利、乌拉尔省、西伯利亚和朝鲜。悉尼大学的埃奇沃思·戴维教授是澳大利亚地质学家，他曾跟随欧内斯特·沙克尔顿到南极探险考察，他预测未来这个地区将会发现跟阿拉斯加一样丰富且可开采的金礁。

所有这些都还没有考虑到冶金方面可能出现的改进。只要让想象力走在我们时代前面一点点，我们就可以期待冶金技术在未来出现改进，就像过去一样。矿石品位更低的矿山可能也可以开采了，或者可能海洋也要被迫交出它的黄金了。像陆地表面一样，海水中含有的黄金等于世界历史上迄今开采的所有黄金的好几千倍。人们都希望从海水中淘金的技术永远不要出现。无论发明家和淘金者因此致富的可能性多大，几乎想不出比由此产生的贬值更糟糕的经济灾难了。不过，可能只有这样一场灾难，才能让世界各国觉得有必要摆脱目前金本位这样难以捉摸的价值标准。

黄金除了实际的增加，还有虚拟的增加，即东方储藏的黄金释放导致的增加。我相信，我们可以想到，东方储藏的黄金在未来有一天会释放。美国铸币局主管罗伯茨强调埃及和印度储藏黄金的极端程度令人惊讶。他说：

埃及的情况跟印度有点像，但其黄金从视线中消失的方式有一些神秘。它没有进入银行金库，很难理解一个幅员辽阔、人口众多、人民如此贫穷的国家如何能消耗这么多黄金……1907年，克罗默伯爵在伦敦的一次演说中对此有所揭示："不久前，我听说一位埃及绅士去世，留下了80 000英镑财产，这些财产全部都是放在地窖里的金币。后来，我又听说有位富有的自耕农，花了25 000英镑买了个庄园。合同签订后半小时，他带着一队驴出现了，驴背上都驮着钱，而这些钱本来都埋在他的花园里。我还听说，有个省城发生火灾，人们在土罐中发现的钱不少于5 000英镑。我还可以举大量这类例子。毫无疑问，这种秘藏做法是过度了。"

1892年（20多年前）印度货币委员会报告的会议记录中，主持会议的主席法勒·赫舍尔勋爵提供了以下证据："在印度，铸币消失的速度快得惊人。美国南北战争时期，我刚好在那里。当时大量的货币涌入这个国家，顷刻之间，孟买所有东西的价格都大幅提高；但在很短的时间内，大量涌入的白银就消失在印度那茫茫人海中，就像水冲到沙上一样。"

罗伯茨主管在引述段落中强调了黄金储藏的数量。这些段落表明，两国人民都为未来准备好了藏金之地，因而往往把黄金吸收了，并可能阻止物价上涨。毫无疑问，东方秘藏黄金还将持续数年，东方也将成为多余黄金的出口（去处），因此通常会缓解由此导致的物价上涨。但如果因此说这就足以阻止物价上升，那就错了。这种说法的问题在于它的默认假设，它假设储藏在未来的影响比过去大，然而，情况更有可能是相反的。而即便是过去，储藏也不足以阻止价格的迅速上涨。

我们必须考虑到未来储藏日益减少的趋势。由于银行业务的引进，储藏在很久以前的英国就已经不流行了，后来在法国也不流行了，因此可以肯定，迟早，它在印度和埃及也会过时。随着这些国家逐渐引入西方银行业，转变就会发生。而且这些国家的银行业务已在迅速增长。

同样的原理也适用于饰品形式的东方金银藏品。几个世纪前，英国人曾经将其部分藏品藏在"盘子"中，如果遇到紧急情况，可以重新转换成硬币。随着银行设备的出现，这种习惯已经消失很久了。据估计，同样的过程将一点点将部分东方储藏的饰品变成货币。因此，作为西方文明传入东方的结果，有效使用的世界黄金将进一步增加，通货膨胀也因而加剧。换句话说，东方储藏习惯只能暂时缓解通胀压力而已。虽然从非洲挖出的部分黄金被放回亚洲的地下，但总有一天，它肯定会被再次挖出来并投入流通。罗伯茨主管说：

> 毫无疑问，所有国家都有比以前更多地使用银行的倾向，而银行金库不仅吸收了新生产的黄金，在某种程度上还吸收了迄今私人储藏且没被使用的黄金。在每个国家，这些储藏黄金都可能被年轻一代的继承者拿去用。

黄金储备，不管是个人的，还是政府的，甚至银行的，未来似乎都会下降，或以某种速度停止积聚。十来年前，与黄金需求相比，黄金是如此稀缺，以至于早期增加的全球黄金，很大一部分都被用来补充匮乏的（个人）储备和政府储备，并取代银和纸币。过去10年间，美国积累了大约10亿（美元）黄金，俄国和法国积累了大约5亿黄金。此外，日本、阿根廷和巴西也吸收了大量黄金。印度、墨西哥、菲律宾、巴拿马和（英国）海峡殖民地[1]为维持其"金汇兑本位"，对黄金也有需求。一位货币经济学家写道：

> 我认为，如果不是美国、俄国和埃及储藏黄金，从而不经济地使用黄金，物价上涨必会产生比实际情况大得多的影响。

对黄金的这些需求目前已经得到满足，未来全球新增的黄金都将更自由地进入实际流通，并作用于物价。

正如前面所解释的，贮藏的货币只是流通缓慢或完全不流通的货币。因此，停止贮藏意味着货币流通速度的增加，这将倾向于提高价格。这还意味着这些货币将存入银行，成为银行准备金，而基于这些准备金，就可以产生5倍或10倍于它的"支票存款"。

1　Straits Settlements，1826—1946年英国在马六甲海峡的殖民地，包括槟榔屿、新加坡、马六甲、拉布安和一些小岛屿。

这些存款的数额不仅是它们从流通中取代的货币的5到10倍，而且根据西方的经验，它们的流通速度还是后者的2到3倍。因此，他们影响物价的能力将是被取代货币的10到30倍。

因此，停止贮藏会以各种方式提高物价。为保守起见，我在计算中假定，停止贮藏不足以使货币流通速度年增长率超过0.5%。但如果事实是这个数字的好几倍，也不用惊讶，特别是因为快捷运输网的扩张也将有力地朝这个方向[1]发展，特别是在像印度这样发展缓慢和落后的国家。

因此，未来通货很可能会膨胀，一是通过货币数量的实际增加，二是通过货币数量的虚拟增加[2]——由东方贮藏货币释放引起。而由于停止贮藏意味着货币流通速度加快，我们可得出结论：未来预计可能会出现通货膨胀，无论是来自货币数量（M）还是货币流通速度（V）的增加。

二、信用和交易量

刚刚已经提到停止贮藏货币对支票存款数量的影响。现在，让我们以更普遍的方式考虑世界各地这些存款增长的重要性。当人们普遍认识到支票存款是一种类似银行券的通货形式时（事

1　加快货币流通速度的方向。

2　Virtual Increase，指名义上没增加但实质上增加了。

实上，如今已经是主要形式），对价格水平的讨论就进入了新的阶段。

在美国，支票交易量占所有交易的92%。加拿大和英国可能也有这样的比率。不过在非英语国家，比率无疑要低得多。如果我们可以假设支票交易量与货币交易量的比率保持不变，那么支票的流通就不用被视为一个独立因素。当未来某一天支票的使用达到其全部能力后，支票支出与货币支出的比率保持相对固定就不足为奇了。不过目前支票还在以惊人速度代替货币被使用，且使用量的增长远远快于货币。这是当前形势的主要特征，也是本章预测的主要依据。跟货币相比，所有国家使用的支票越来越多[1]。法国目前支票（使用数量）的增长率为7%，德国是13%，荷兰9%，丹麦10%，挪威8%，瑞典5.5%，瑞士5%，俄罗斯2.5%，日本10%，奥匈银行17%。而在相对落后的印度，银行存款业务刚刚起步，支票增长率为9%，墨西哥为11%。英语国家使用支票已经很长时间，因此按道理不管在其中哪个国家，其支票使用应该接近（其能力的）极限了，但事实是，这些国家的存款量仍在增长：英国年增长3.5%；美国增长7.3%；加拿大增长12%；澳大利亚增长3.5%（澳大利亚的数据太少，不具代表性）。

在英语国家之外，支票的使用还处于起步阶段。未来几十年，以欧洲大陆和日本为代表的大片区域都会扩大存款银行业务。即使德国和其他大陆国家很快进入"每个商人都开始意识到自己必

1　支票使用量与货币使用量之比越来越大。

须使用支票"的阶段，也不足为奇。而当这种感觉出现时，支票使用量的增速将比目前还快。美国的存款通货现在远远超过其他国家，但欧洲大陆和日本的存款通货将越来越显要，而等到其增长率开始放缓时——也许是一代人的时间，又有印度和其他（现在的）落后国家接棒，成为不可忽视的力量。

最后，我们有清算所的统计数据作证。这些数据的增长率被用来粗略地表示支票使用量的增长率。一般情况下,（票据交换）结算总额的增长率比存款更快。这表明，支票使用量的增速比支票所能提取的存款的增速快——这意味着这些存款的活动水平或流通速度（V'）正在增加。

在美国，存款的流通速度或活动水平呈逐步增加趋势。城市人口的集中和快捷的交通运输等因素往往会加快其流通速度。存款的活动水平因城市大小而异，两者几乎一一对应，而且变化范围大得惊人。比如，在巴黎、柏林和布鲁塞尔，活动水平一年超过100次；但在康涅狄格州纽黑文是一年16次；在希腊雅典是一年4次；而在加利福尼亚州圣巴巴拉，一年只有1次。

这些结果与美国的事实一致。尽管美国人口在不断集中，但美国存款的流通速度已经大幅增加。在过去的18年里，它从37次每年上升到54次每年，即每年增加约2%。而全球整体的增长率可能也一样高。

最后，我们讨论交易量。这是抑制物价上涨的一个因素。像过去一样，未来的交易量还会继续增长，但据我所知，没有证据表明它在未来的增速会比过去几年快；没有证据表明交易量的增速会比交换媒介快——只要银行业务继续发展下去。相反，我们有理由相信，尽管贸易未来将继续发展，但增速将比过去缓慢。未来人类居住的范围会越来越大，且人口增长率会下降（这部分是居住范围扩大和出生率自愿减少的结果），这两点会抑制贸易增长的速度，尽管增速无疑还会很大。

三、结 论

经过最后调整，我对整个金本位世界（目前包括除中国以外的所有重要的商业国家）的估计是：流通货币数量以每年2.5%的速度增长；流通货币的流通速度，也是0.5%；存款数量，6.5%；存款的流通速度，1.5%。

这四个量使得流通中的交易媒介数量每年增长7%，超过了交易量的年增长率（只有4.5%）。因此，简单地说，由于支付工具增长率超过交易量增长率的2.5%，全球物价将以每年2.5%的速度上涨。

我们完全有理由相信，未来货币、存款及其流通速度的增长不会比过去少，而交易即使有增长，也不会比过去多多少；但为了保守起见，我已经降低了对货币和存款增长的估计。

因此，以下对该问题的主要全球性因素的未来增长率估计，看起来是保守的：货币，每年不低于2%；货币的流通速度，每年不低于0.5%；存款，每年不低于6%；存款的流通速度，每年不低于1.5%；交易量，每年不高于4.5%。

按此估计再次计算后得出，货币使用总量（货币数量与其流通速度的乘积，MV）每年至少增加2.5%；而支票的（$M'V'$）至少增加7.5%。由于支票比货币重要得多，因此可以看出，（通过货币和支票）购物的组合工具的平均年增长率可能至少达6.5%。由于交易预计每年最多只能增长4.5%，我认为两者之差（6.5%-4.5%），即2%，是对未来价格水平年均增长率的一个相当保险（不大会出错）的最低估计；而如果站在普通人的角度（仅凭人的经验、观察），我预测未来很多年的世界物价总趋势不会向下，而且我敢说这个预测完全没有问题。

当然，没有一条价格曲线是持续往一个方向运动的；它会不断波动，而且我们刚刚从濒临危机的境况中恢复过来。因此，物价的上涨暂时有所减弱。在这之后，物价很可能会继续上升，尽管每年必定都会有所波动。但这么说吧，未来20年，世界物价总体趋势大概率是上升的。

美国降低关税往往会在几年内造成黄金流出，以支付新增的进口商品，这减少了（国内）通货数量，因而倾向于降低物价。

而另一方面，通货法（《联邦储备法》）必然有增加通货的倾向，因为它将结束目前对银行准备金的不经济使用，并成立一个新的系统[1]，无形中释放现被锁定的准备金。这种变化趋势，不管它在其他方面多么可取，也必将进一步增加通货并提高价格。但由

1　即美国联邦储备系统，简称"美联储"。

于它会加快黄金的输出，因此最终结果仅仅是将影响扩散到其他国家。对美国本身来说，价格水平将趋近于外部世界。美国的黄金输出如何使美国价格水平与世界价格水平趋近呢？答案是要么使国内物价下跌，要么使国外其他地方的物价上涨（这种可能性更大）。简言之，净效果可能是美国国内物价上涨明显中止（大概10年），而国外物价将上涨，追上美国物价。

当然，这些预测（即世界物价在未来10年或20年会上涨，局部地区会有短暂中断，比如刚降低关税以调整国内贸易的美国）也可能没实现。价格水平可能下跌或不动，但不动的可能性很小。从过去的情况来看，价格之路，就像真爱之路一样，"从来都不是平坦的"，如果未来平稳运行，反而会令人惊讶。1890年代初，物价跌到令人无法忍受，整个世界都在想方设法摆脱这种痛苦。起初，看到物价上涨的前景，人们欢欣鼓舞。但错上加错并不是正确。如果接下来10年，物价迅速下跌，世界将不会感激，而是会再次抱怨贸易萧条、债务负担，以及20年前人们想到的所有祸害。真正需要的不是物价的上涨或下跌，而是一个稳定的价格水平。这意味着得有购买力稳定的货币。

不幸的是，货币的购买力往往受制于金矿开采可能出现的每一种情况。几乎没有行业比黄金开采更容易受到各种或然性的影响。总有可能发现新的金矿，淘出的金子可能优良也可能劣质，以及可能发明新的冶金方法。现在的货币购买力取决于这些突发情况。结果，每一个跟长期合同有关的人，无论是债务人还是债权人、股票或债券持有者、工薪一族或银行储户，在某种程度上都成了这些意外情况的分担者。从某种意义上说，我们每个使用黄金作为延期付款标准的人都成了黄金的投机者。我们都在赌未来美元能买到什么。如何稳定货币的购买力以使1美元可以成为1美元——在不同时间价值相同——是应用经济学最重要的问题之一。

在另一本书中，我希望能回答如何最好地解决货币（币值）稳定这个问题。

中英文译名对照表

A

阿尔弗雷德·拉塞尔·华莱士，Alfred Russell Wallace

阿里斯托芬，Aristophanes

爱德华·格伦德，Edward E. Gellender

埃德蒙德·泰里，Edmond Théry

埃奇沃思·戴维，Edgeworth David

《安德伍德关税法》，Underwood Tariff Act

按时归还，on time

奥匈银行，Austro-Hungarian Bank

B

拜伦·霍尔特，Byron W. Holt

白银券，silver certificate

保付支票，certified check

保护关税，protective tariff

保罗·阿特金斯，Paul M. Atkins

保证金，margin

《北美评论》，*North American Review*

被人熟知的程度，accessibility

备用金，petty cash

本票，promissory note，certificate

本位货币，primary money

毕晓普·弗利特伍德，Bishop Fleetwood

跛行本位制，limping standard

补偿，*quid pro quo*

不可兑换，irredeemable

C

财产权，property

产权，property

储藏，hoarding，hoard

存款，deposit，credit

存款负债，deposit liabilities

存款货币，money on deposit

存款权利，deposit right

存款通货，deposit currency

存量，stock

D

贷方余额，credit balance

J

基年，base year

即期负债，demand liabilities

即期汇票，sight draft

记账信用，book credit

价格总水平，general level of prices

加权平均数，weighted average

价值尺度，measure of value

交换比率，ratio of exchange

交换媒介，media of exchange

交易，trade

交易方程式，equation of exchange

交易量，volume of trade

节俭，prudence

经济周期，business cycle

《经济周期》，*Business Cycles*

借款人，borrower

杰文斯，Jevons

金汇兑本位，gold exchange standard

金元，gold dollar

K

可兑换，redeemable

可兑换性，redeemability

柯尔培尔主义，Colbertism

可分割，divisibility

可交换性，exchangeability

可接受性，acceptability

克利夫·莱斯利，Cliffe Leslie

克罗默勋爵，Lord Cromer

可携带，portability

快财产，quick property

L

力臂，leverage

李嘉图，David Ricardo

利息，interest

联邦储备法，Federal Reserve Act

联合，combination

量、因素，magnitude

流通货币，money in circulation

流通媒介，circulating media

流通速度，velocity of circulation

流通信用，circulating credit

流通中的货币量，volume/quantity of money in circulation

罗伯茨，Roberts

罗伯逊，Robertson

罗马国际农业研究所，International Institute of Agriculture at Rome

M

麦考利，Macaulay

买卖，purchase-and-sale

Z

债券债务，bonded debt

债权人，creditor

政府纸币，government note

证券投资，investment securities

债务人，debtor

支出，outgo

支点，fulcrum

支票，check

支票存款，deposits subject to check

支票使用量，use of checks

指数，index number

中间商，middleman

重商主义，Mercantilism

重物，weight

周期，cycle

周转次数，rate of turnover

周转率，rate of turnover

周转速度，rapidity of turnover

铸币比率，coinage ratio

铸币税，seigniorage

贮藏，hoarding，hoard

铸造，coining

《资本和收入的性质》，*The Nature of Capital and Income*